BEITRÄGE ZU FRIEDRICH NIETZSCHE

Quellen, Studien und Texte
zu Leben, Werk und Wirkung
Friedrich Nietzsches

herausgegeben
von
David Marc Hoffmann

Band 9

SCHWABE VERLAG BASEL

BEITRÄGE ZU FRIEDRICH NIETZSCHE

Thomas Mann

Nietzsches Philosophie im Lichte unserer Erfahrung

Vortrag am XIV. Kongress des PEN-Clubs
in Zürich am 3. Juni 1947

Gedruckter Text und Tonaufnahme auf CD

herausgegeben
von David Marc Hoffmann

SCHWABE VERLAG BASEL

Abdruck des Textes und Vertrieb der Tonaufnahme mit freundlicher Genehmigung des S. Fischer Verlags, Frankfurt am Main.

Thomas Mann, Nietzsches Philosophie im Lichte unserer Erfahrung. Aus: ders., Gesammelte Werke in dreizehn Bänden. Band IX. Reden und Aufsätze 1. © S. Fischer Verlag GmbH, Frankfurt am Main, 1960, 1974, S. 675-712.

Tonaufnahme: Schweizer Radio DRS, 3. Juni 1947.

Umschlaggestaltung unter Verwendung einer Photomontage eines unbekannten Künstlers «Thomas Mann und Friedrich Nietzsche»
Gesamtherstellung: Schwabe AG, Druckerei, Muttenz/Basel
Printed in Switzerland
ISBN 3-7965-2180-0

www.schwabe.ch

Inhalt

Thomas Mann bei seiner Rede zur Eröffnung des XIV. Kongresses des internationalen PEN-Clubs am 3. Juni 1947 im grossen Tonhallesaal in Zürich.

Vorbemerkung des Herausgebers

Thomas Manns erste Worte auf dem europäischen Kontinent nach dem Zweiten Weltkrieg standen im Zeichen Nietzsches. Zur Eröffnung des XIV. Kongresses des internationalen PEN-Clubs am 3. Juni 1947 in Zürich hielt Mann den vielbeachteten und engagierten Vortrag *Nietzsches Philosophie im Lichte unserer Erfahrung*. Diesen Vortrag hatte Mann in englischer Form zuvor am 29. April in der Library of Congress in Washington und am 3. Mai im Hunter College, New York, und, nach seiner Ankunft in Europa, am 20. Mai im King's College der London University gehalten. Nach Zürich hat Thomas Mann seinen Vortrag in der Berner Stadtbibliothek (11. Juni) und an der Basler Universität (16. Juni) wiederholt. Im Herbst 1947 publizierte Mann seinen Beitrag erstmals und in voller Länge als Aufsatz in der *Neuen Rundschau*.

Die Rede bzw. der Aufsatz steht am Höhepunkt von Manns jahrzehntelanger, vielseitiger und kontroverser Beschäftigung mit dem deutschen Philosophen. In der Zeit des Nietzsche-Vortrags ist auch Thomas Manns motivisch an das Nietzsche-Schicksal anknüpfender Roman *Doktor Faustus* erschienen. Manns Vortrag ist geprägt einerseits von dieser intensiven literarischen Auseinandersetzung mit Nietzsches Leben und Denken und andererseits von der Vereinnahmung Nietzsches durch Nationalsozialismus und Faschismus, die Mann mit seinem Vortrag kritisch überwinden wollte, ohne die problematischen Stellen in dessen Werk schönzureden. So ist diese Rede zugleich ein Dokument zur Rezeption von Nietzsches Philosophie und Biographie, zum Leben und Schaffen Thomas Manns und zur Geistesgeschichte der Kriegs- und Nachkriegszeit.

Thomas Mann berichtet in *Die Entstehung des Doktor Faustus* wie Aufsatz und Vortrag zustande gekommen sind: «Das essayistische Nachspiel zum ‹Faustus› nahm ungefähr vier Wochen in Anspruch und war, mit seinen vierzig Manuskriptblättern, für den mündlichen Vortrag, den englischen wie den deutschen, um zwanzig Seiten zu lang. Erika [Mann] leistete ein Meisterstück literarischer Regie, indem sie den Aufsatz, eben fürs Mündliche, durch hundert Aussparungen im einzelnen und unter Bewahrung des Wesentlichen, genau um die Hälfte kürzte.»

Der Text wird in unserer Ausgabe nach dem Erstdruck in *Die neue Rundschau*, Achtes Heft, Herbst 1947 faksimiliert wiedergegeben. Die erste selbständige Veröffentlichung erschien 1948 unter demselben Titel im Suhrkamp Verlag, vorm. S. Fischer Verlag, Berlin.

Der Zürcher Vortrag wurde damals vom Schweizer Radio aufgenommen und live gesendet, ein Mitschnitt auf Schallplatten wurde in den Zürcher Radioarchiven aufbewahrt und wird hier erstmals in voller Länge zugänglich gemacht. Vor dem eigentlichen Nietzsche-Vortrag bringt Thomas Mann eine – in der gedruckten Version nicht enthaltene – kleine Hommage an die Schweiz und ihren europäischen Geist dar.

Über Manns biographische und philosophische Quellen und über Manns Nietzsche-Rezeption im allgemeinen und im speziellen geben die im Anhang zusammengestellten Werke und Aufsätze Auskunft.

Basel, am 12. August 2005, dem 50. Todestag Thomas Manns

David Marc Hoffmann

ACHTES HEFT *HERBST 1947*

DIE NEUE RUNDSCHAU

Begründet von S. Fischer im Jahre 1890

Aus dem Inhalt:

BERMANN-FISCHER VERLAG / STOCKHOLM
Printed in Sweden

NIETZSCHES PHILOSOPHIE IM LICHTE UNSERER ERFAHRUNG

von

THOMAS MANN

Als zu Anfang des Jahres 1889 von Turin und Basel her die Nachricht von Nietzsches geistigem Zusammenbruch sich verbreitete, mag mancher von denen, die, über Europa hin verstreut, bereits ein Wissen um die schicksalsvolle Größe des Mannes hatten, Ophelias Klageruf bei sich wiederholt haben:

„O, what a noble mind is here o'erthrown!"

„O, welch ein edler Geist ist hier zerstört!"

Und auch von den Kennzeichnungen der nachfolgenden Verse, die das schauerliche Unglück bejammern, daß solche hochgebietende Vernunft, durch Schwärmerei zerrüttet, „blasted by ecstasy", nun mißtönt wie verstimmte Glocken, treffen viele genau auf Nietzsche zu, — nicht zuletzt die Wendung, in welche die Trauernde ihre Lobpreisung zusammenfaßt: „The observ'd of all observers", was Schlegel übersetzt: „Das Merkziel der Betrachter." Wir würden dafür das Wort „faszinierend" gebrauchen, und wahrlich, nach einer Gestalt, faszinierender, als die des Einsiedlers von Sils Maria sieht man sich in aller Weltliteratur und Geistesgeschichte vergebens um. Es ist aber eine Faszination, derjenigen nahe verwandt, die von Shakespeares Charakterschöpfung, dem melancholischen Dänenprinzen, durch die Jahrhunderte ausgeht.

Nietzsche, der Denker und Schriftsteller, „the mould of form" oder „der Bildung Muster", wie Ophelia ihn nennen würde, war eine Erscheinung von ungeheuerer, das Europäische resumierender, kultureller Fülle und Komplexität, welche vieles Vergangene in sich aufgenommen hatte, das sie in mehr oder weniger bewußter Nachahmung und Nachfolge erinnerte, wiederholte, auf mythische Art wieder gegenwärtig machte, und ich zweifle nicht, daß der große Liebhaber der Maske des hamletischen Zuges in dem tragischen Lebensschauspiel, das er bot, — ich möchte fast sagen: das er veranstaltete, wohl gewahr war. Was mich, den ergriffen sich versenkenden Leser und „Betrachter" der nächstfolgenden Generation, betrifft, so habe ich diese Verwandtschaft früh empfunden und dabei die Gefühlsmischung erfahren, die gerade für das jugendliche Gemüt etwas so Neues, Aufwühlendes und Vertiefendes hat: die Mischung von Ehrfurcht und Erbarmen. Sie ist mir niemals fremd geworden. Es ist das tragische Mitleid mit einer überlasteten, über-beauftragten Seele, welche zum Wissen nur berufen, nicht eigentlich dazu geboren war und, wie Hamlet, daran zerbrach, mit einer zarten, feinen, gütigen, liebebedürftigen, auf edle Freundschaft gestellten und für die Einsamkeit garnicht gemachten Seele, der gerade dies: tiefste, kälteste Einsamkeit, die Einsamkeit des Verbrechers, verhängt war, mit einer ursprünglich tief pietätvollen, ganz zur Verehrung gestimmten, an fromme Traditionen gebundenen Geistigkeit, die vom Schicksal gleichsam an den Haaren in ein wildes und trunkenes, jeder Pietät entsagendes, gegen die eigene Natur tobendes Prophetentum der barbarisch strotzenden Kraft, der Gewissensverhärtung, des Bösen gezerrt wurde.

Man muß einen Blick auf die Herkunft dieses Geistes werfen, den Einflüssen nachgehen, die an der Bildung seiner Persönlichkeit arbeiteten, und zwar ohne daß seine Natur sie im Geringsten als ungemäß empfunden hätte, — um der unwahrscheinlichen Abenteuerlichkeit seiner Lebenskurve, ihrer völligen Unvoraussehbarkeit inne zu werden. In mitteldeutscher Ländlichkeit geboren 1844, vier Jahre vor dem Versuch einer bürgerlichen Revolution in Deutschland, stammt Nietzsche von Vaters- wie Muttersseite aus angesehenen Pastorenfamilien. Von seinem Großvater gibt es ironischer Weise eine Schrift über „Die immer währende Dauer des Christentums, zur Beruhigung bei der gegenwärtigen Gährung". Sein Vater war etwas wie ein Hofmann, Erzieher der preußischen Prinzessinnen, und verdankte seine Pfarrstelle der Gunst Friedrich Wilhelms IV. Sinn für aristokratische Formen, Sittenstrenge, Ehrgefühl, peinliche Ordnungsliebe waren denn auch in seinem Elternhause heimisch. Der Knabe lebt nach des Vaters frühem Tode in der kirchenfrommen und royalistischen Beamtenstadt Naumburg. Er wird als „ungeheuer artig" geschildert, als ein notorischer Musterknabe von gesittetem Ernst und einem frommen Pathos, das ihm den Namen „der kleine Pastor" einträgt. Man kennt die charakteristische Anekdote, wie er bei einem Platzregen gemessenen und würdigen Schrittes von der Schule nach Hause geht, — weil die Schulregeln den Kindern ein sittsames Betragen auf der Straße zur Pflicht machen. Seine gymnasiale Bildung wird glänzend vollendet in der berühmten Klosterzucht von Schulpforta. Er neigt zur Theologie, außerdem zur Musik, entschließt sich aber zur klassischen Philologie und studiert sie in Leipzig unter einem strengen Methodiker namens Ritschl. Seine Erfolge sind derart, daß er, kaum daß er seiner Militärpflicht als Artillerist nachgekommen ist, fast ein Jüngling noch, aufs akademische Katheder berufen wird, und zwar in der ernsten und frommen, patrizisch regierten Stadt Basel.

Man hat das Bild einer hochbegabten Edel-Normalität, die eine Laufbahn der Korrektheit auf vornehmem Niveau zu gewährleisten scheint. Statt dessen, von dieser Basis, welch ein Getriebenwerden ins Weglose! Welch ein Sich-versteigen in tödliche Höhen! Das Wort „verstiegen", zum moralischen und geistigen Urteil geworden, stammt aus der Alpinistensprache und bezeichnet die Situation, wo es im Hochgestein weder vorwärts noch rückwärts mehr geht und der Bergsteiger verloren ist. Dies Wort anzuwenden auf den Mann, der sicher nicht nur der größte Philosoph des ausgehenden 19. Jahrhunderts, sondern einer der unerschrockensten Helden überhaupt im Reich des Gedankens war, klingt wie Philisterei. Aber Jakob Burckhardt, zu dem Nietzsche wie zu einem Vater aufblickte, war kein Philister, und doch hat er die Neigung, ja den Willen zum Sich-versteigen und zur tödlichen Verirrung früh schon der Geistesrichtung des jüngeren Freundes angemerkt und sich weislich von ihm getrennt, ihn mit einer gewissen Gleichgültigkeit, die Goethescher Selbstschutz war, fallen lassen ...

Was war es, was Nietzsche ins Unwegsame trieb, ihn unter Qualen dort hinaufgeißelte und ihn den Martertod am Kreuz des Gedankens sterben ließ? Sein Schicksal — und sein Schicksal war sein Genie. Aber dieses Genie hat noch einen anderen Namen. Er lautet: Krankheit — dies Wort nicht in dem vagen und allgemeinen Sinn genommen, in welchem es sich so leicht mit dem Begriff des Genies verbindet, sondern in einem so spezifischen und klinischen Verstande, daß man sich wiederum dem Verdacht des Banausentums und dem Vorwurf aussetzt, man wolle die schöpferische Lebensleistung eines Geistes damit entwerten, der als Sprachkünstler, Denker, Psycholog die ganze Atmosphäre seiner Epoche verändert hat. Das wäre ein Mißverständnis. Oft ist gesagt worden, und ich sage es wieder: Krankheit ist etwas bloß Formales, bei dem es darauf ankommt, womit es sich verbindet, womit es sich erfüllt. Es kommt darauf an, *wer* krank ist: ein Durchschnittsdummkopf, bei welchem die Krankheit des geistigen und kulturellen Aspektes freilich entbehrt, oder ein Nietzsche, ein Dostojewski. Das Medizinisch-Pathologische ist *eine* Seite der Wahrheit, ihre naturalistische sozusagen, und wer die Wahrheit als Ganzes liebt und willens ist, ihr unbedingt die Ehre zu geben, wird nicht aus geistiger Prüderie irgend einen Gesichtspunkt verleugnen, unter dem sie gesehen werden kann. Man hat es dem Arzte Möbius sehr verübelt, daß er ein Buch geschrieben hat, worin er die Entwicklungsgeschichte Nietzsches als die Geschichte einer progressiven Paralyse fachmännisch darstellt. Ich habe an der Entrüstung darüber nie teilnehmen können. Der Mann sagt, auf seine Weise, die unbestreitbare Wahrheit.

Im Jahre 1865 erzählt der einundzwanzigjährige Nietzsche seinem Studienfreunde Paul Deussen, dem späteren berühmten Sanskritisten und Vedanta-Forscher, eine sonderbare Geschichte. Der junge Mann hatte allein einen Ausflug nach Köln gemacht und dort einen Dienstmann engagiert, damit er ihm die Sehenswürdigkeiten der Stadt zeige. Das geht den ganzen Nachmittag, und schließlich, gegen Abend, fordert Nietzsche seinen Führer auf, ihm ein empfehlenswertes Restaurant zu zeigen. Der Kerl aber, der für mich die Gestalt eines recht unheimlichen Sendboten angenommen hat, führt ihn in ein Freudenhaus. Der Jüngling, rein wie ein Mädchen, ganz Geist, ganz Gelehrsamkeit, ganz fromme Scheu, sieht sich, so sagt er, plötzlich umgeben von einem halben Dutzend Erscheinungen in Flitter und Gaze, die ihn erwartungsvoll ansehen. Zwischen ihnen hindurch geht der junge Musiker, Philolog und Schopenhauer-Verehrer instinktiv auf ein Klavier zu, das er im Hintergrunde des teuflischen Salons gewahrt, und worin er (das sind seine Worte) „das einzige seelenhafte Wesen in der Gesellschaft" erblickt, und schlägt einige Akkorde an. Das löst seinen Bann, seine Erstarrung, und er gewinnt das Freie, er vermag zu fliehen.

Am nächsten Tage hat er dem Kameraden dies Erlebnis gewiß unter Lachen erzählt. Welchen Eindruck es auf ihn gemacht, war ihm nicht bewußt. Es war aber nicht mehr und nicht weniger, als was die Psychologen ein „Trauma" nennen, eine Erschütterung, deren wachsende, die Phantasie nie wieder loslassende Nachwirkung von der Empfänglichkeit des Heiligen für die Sünde zeugt. Im vierten Teil des „Zarathustra", entstanden zwanzig Jahre später, findet sich, in dem Kapitel „Unter Töchtern der Wüste", ein orientalisierendes Gedicht, dessen gräßliche Scherzhaftigkeit eine kasteite Sinnlichkeit und ihre Nöte, bei schon gelockerten Hemmungen, mit qualvoller Geschmacklosigkeit verrät. In diesem Gedicht von den „allerliebsten Freundinnen und Mädchen-Katzen, Dudu und Suleika“, einem erotischen Wachtraum von peinlicher Humorigkeit, sind die „Flatter- und Flitterröckchen“ jener Kölner gewerbtreibenden Damen wieder da, noch immer da. Die „Erscheinungen in Flitter und Gaze“ von damals haben sichtlich zu den wonnigen Wüstentöchtern Modell gestanden, und von diesen ist es nicht weit mehr, es sind nur noch vier Jahre, bis zur Baseler Klinik, wo der Kranke zu Protokoll gibt, er habe sich zweimal in früheren Jahren spezifisch infiziert. Die Jenaer Krankengeschichte nennt für das erste dieser Mißgeschicke das Jahr 1866. Ein Jahr also, nachdem er aus jenem Kölner Hause geflohen, kehrt er, ohne diabolische Führung diesmal, an einen solchen Ort zurück und zieht sich — einige sagen: absichtlich, als Selbstbestrafung — zu, was sein Leben zerrütten, aber auch ungeheuer steigern —, ja, wovon auch teils glückliche, teils fatale Reizwirkungen auf eine ganze Epoche ausgehen sollen.

Was ihn nach wenigen Jahren aus seinem Baseler akademischen Amte fortbegehren läßt, ist eine Mischung von zunehmender Kränklichkeit und Freiheitsdrang, die im Grunde dasselbe sind. Früh schon hat der junge Verehrer Wagners und Schopenhauers Kunst und Philosophie als die wahren Führer des Lebens ausgerufen — gegen die Geschichte, von der sein Lehrfach, die Philologie, ein Zweig ist. Er wendet sich ab von ihr, läßt sich krankheitshalber pensionieren und lebt fortan ohne jede Bindung an internationalen Plätzen Italiens, Süd-Frankreichs, des Schweizer Hochgebirges, wo er seine stilistisch blendenden, von kühnen Beleidigungen seiner Zeit funkelnden, psychologisch immer radikaleren, in immer grellerem Weißlicht aufstrahlenden Bücher schreibt. Brieflich nennt er sich „einen Menschen, der nichts mehr wünscht als täglich irgend einen beruhigenden Glauben zu verlieren, der in dieser täglich größeren Befreiung des Geistes sein Glück sucht und findet. Vielleicht daß ich sogar noch mehr Freigeist sein *will,* als ich es sein *kann!*“ — Das ist ein Geständnis, sehr früh, schon 1876, abgelegt; es ist die Antizipation seines Schicksals, seines Zerbrechens; das Vorwissen eines Menschen, der getrieben sein wird, sich an Erkenntnis Grausameres zuzumuten, als sein Gemüt ertragen kann, und der der Welt das Schauspiel einer erschütternden Selbstkreuzigung bieten wird.

Unter sein Werk hätte er wohl, wie jener Maler, schreiben können: „In doloribus pinxi.“ In mehr als einem Sinn, dem geistigen wie dem körperlichen, hätte er damit die Wahrheit gesagt. 1880 bekennt er dem Arzt

Dr. Eiser: „Meine Existenz ist eine fürchterliche Last: ich hätte sie längst von mir abgeworfen, wenn ich nicht die lehrreichsten Proben und Experimente auf geistig-sittlichem Gebiete gerade in diesem Zustande des Leidens und der fast absoluten Entsagung machte ... Beständiger Schmerz, mehrere Stunden des Tags ein der Seekrankheit eng verwandtes Gefühl, eine Halblähmung, wo mir das Reden schwer wird, zur Abwechslung wütende Anfälle (der letzte nötigte mich, drei Tage und Nächte lang zu erbrechen, ich dürstete nach dem Tode) ... Könnte ich Ihnen das *Fortwährende* beschreiben, den beständigen Schmerz und Druck im Kopf, auf den Augen, und jenes lähmungsartige Gesamtgefühl vom Kopf bis in die Fußspitzen! ..." — Seine scheinbar vollkommene Unwissenheit — und die seiner Ärzte obendrein! — über die Natur und Quelle dieser Leiden ist schwer zu begreifen. Daß sie vom Gehirn ausgehen, wird ihm allmählich zur Gewißheit, und er hält sich hier für hereditär belastet: Sein Vater, meint er, sei an „Gehirnerweichung" zugrunde gegangen, — was bestimmt nicht wahr ist; der Pastor Nietzsche starb durch einen bloßen Unfall an einer Gehirnverletzung durch einen Sturz. Jenes völlige Nicht-Wissen aber, oder die Dissimulation des Wissens, von dem Ursprung seiner Krankheit ist nur aus der Tatsache zu erklären, daß sie mit seinem Genie verschränkt und verbunden war, daß dieses sich mit ihr entfaltete, — und daß *alles* einem genialen Psychologen zum Objekt demaskierender Erkenntnis werden kann, nur nicht das eigene Genie.

Es ist vielmehr der Gegenstand staunender Bewunderung, überschwänglichen Selbstgefühls, krasser Hybris. In voller Naivität verherrlicht Nietzsche die beseligende Kehrseite seines Leidens, diese euphorischen Schadloshaltungen und Überkompensationen, die zum Bilde gehören. Er tut es am großartigsten in dem fast schon hemmungslosen Spätwerk „Ecce homo", dort, wo er den körperlich und geistig unerhört gehobenen Zustand preist, worin er in unglaublich kurzer Zeit seine Zarathustra-Dichtung hervorbrachte. Die Seite ist ein stilistisches Meisterstück, sprachlich ein wahrer tour de force, zu vergleichen nur etwa der wundervollen Analyse des Meistersinger-Vorspiels in „Jenseits von Gut und Böse" und der dionysischen Darstellung des Kosmos am Ende des „Willens zur Macht". „Hat jemand", fragt er im „Ecce homo", „Ende des neunzehnten Jahrhunderts einen Begriff davon, was Dichter *starker* Zeitalter Inspiration nannten? Im andern Fall will ich's beschreiben." Und nun beginnt eine Schilderung von Erleuchtungen, Entzückungen, Elevationen, Einflüsterungen, göttlicher

Kraft- und Machtgefühle, die er nicht umhinkann, als etwas Atavistisches, Dämonisch-Rückschlägiges, anderen, „stärkeren“ und gottnäheren Zuständen der Menschheit Angehöriges und aus den psychischen Möglichkeiten unserer schwächlich-vernünftigen Epoche Herausfallendes zu empfinden. Und dabei beschreibt er „in Wahrheit“ — aber was ist Wahrheit: das Erlebnis oder die Medizin? — einen verderblichen Reizungszustand, der dem paralytischen Collaps höhnend vorangeht.

Jeder wird zugeben, daß es hektische, von entgleitender Vernunft zeugende Ausschreitungen des Selbstbewußtseins sind, wenn Nietzsche den „Zarathustra“ eine Tat nennt, an der gemessen der ganze Rest von menschlichem Tun als arm und bedingt erscheint, wenn er behauptet, daß ein Goethe, ein Shakespeare, ein Dante nicht einen Augenblick in der Höhe dieses Buches zu atmen wissen würde, und daß der Geist und die Güte aller großen Seelen zusammen genommen nicht im Stande wären, nur *eine* Rede Zarathustras hervorzubringen. Natürlich muß es ein großer Genuß sein, dergleichen niederzuschreiben, aber ich finde es unerlaubt. Übrigens mag es sein, daß ich nur meine eigenen Grenzen feststelle, wenn ich weitergehe und bekenne, daß mir überhaupt das Verhältnis Nietzsches zu dem Zarathustra-Werk dasjenige blinder Überschätzung zu sein scheint. Es ist, dank seiner biblischen Attitude, das „populärste“ seiner Bücher geworden, aber es ist bei Weitem nicht sein bestes Buch. Nietzsche war vor allem ein großer Kritiker und Kultur-Philosoph, ein aus der Schule Schopenhauers kommender europäischer Prosaist und Essayist obersten Ranges, dessen Genie zur Zeit von „Jenseits von Gut und Böse“ und der „Genealogie der Moral“ auf seinen Scheitelpunkt kam. Ein Dichter mag weniger sein als solch ein Kritiker, aber zu diesem Weniger reichte es nicht, oder doch nur in einzelnen lyrischen Augenblicken, nicht für ein ausgedehntes Werk von kreativer Ursprünglichkeit. Dieser gesicht- und gestaltlose Unhold und Flügelmann Zarathustra mit der Rosenkrone des Lachens auf dem unkenntlichen Haupt, seinem „Werdet hart!“ und seinen Tänzerbeinen ist keine Schöpfung, er ist Rhetorik, erregter Wortwitz, gequälte Stimme und zweifelhafte Prophetie, ein Schemen von hilfloser Grandezza, oft rührend und allermeist peinlich — eine an der Grenze des Lächerlichen schwankende Unfigur.

Indem ich so spreche, erinnere ich mich an die verzweifelte Grausamkeit, mit der Nietzsche über vieles, eigentlich über *alles* ihm Ehrwürdige gesprochen hat: über Wagner, über die Musik im Allgemeinen, über die

Moral, über das Christentum, — ich hätte beinahe gesagt: auch über das Deutschtum, — und wie er offenbar bei den wütendsten kritischen Ausfällen gegen diese im Innersten stets hochgehaltenen Werte und Mächte offenbar nicht das Gefühl hatte, ihnen wirklich zu nahe zu treten, sondern, wie es scheint, die fürchterlichsten gegen sie geschleuderten Beleidigungen als eine Form der Huldigung empfand. Über Wagner hat er Dinge gesagt, daß man seinen Sinnen nicht traut, wenn im „Ecce homo" plötzlich von der *heiligen* Stunde die Rede ist, in der Richard Wagner in Venedig starb. Wieso, fragt man sich, Tränen in den Augen, ist diese Sterbestunde auf einmal „heilig", wenn Wagner der üble Histrione, der verderbte Verderber war, als den Nietzsche ihn hundertmal geschildert hat? — Bei seinem Freunde, dem Musiker Peter Gast, entschuldigt er sich wegen seiner beständigen Auseinandersetzung mit dem Christentum: es sei eben das beste Stück idealen Lebens, das er wirklich kennen gelernt habe. Zuletzt sei er der Nachkomme ganzer Geschlechter von christlichen Geistlichen und glaube, „nie in seinem Herzen gegen das Christentum gemein gewesen" zu sein. Nein, aber er hat es mit sich überschlagender Stimme „den einen unsterblichen Schandfleck der Menschheit" genannt — nicht ohne sich zugleich über die Behauptung lustig zu machen, daß der Germane irgendwie für das Christentum vorgebildet und vorbestimmt gewesen sei: Der faule, aber kriegerische und raubsüchtige Bärenhäuter, der sinnlich kalte Jagdliebhaber und Biertrinker, der es nicht höher als bis zu einer rechten und schlechten Indianerreligion gebracht und noch vor zehnhundert Jahren Menschen auf Opfersteinen geschlachtet habe, — was habe er zu schaffen mit der höchsten, von Rabbinerverstand geschärften moralischen Subtilität, mit der orientalischen Feinheit des Christentums! — Die Wertverteilung ist klar und erheiternd. Seiner Autobiographie gibt der „Antichrist" den allerchristlichsten Titel „Ecce Homo". Und letzte Wahnsinnszettel unterzeichnet er „Der Gekreuzigte".

Man kann sagen, daß Nietzsches Verhältnis zu den Vorzugsgegenständen seiner Kritik schlechthin das der Leidenschaft war: einer Leidenschaft, im Grunde ohne bestimmtes Vorzeichen, denn das negative wechselt beständig ins positive hinüber. Noch kurz vor dem Ende seines geistigen Lebens schreibt er eine Seite über den „Tristan", die von Begeisterung vibriert. Andererseits hat er schon zur Zeit seiner scheinbar unbedingtesten Wagner-Jüngerschaft, bevor er für die Außenwelt die Festschrift „Richard Wagner in Bayreuth" verfaßte, gegen Baseler Vertraute Äußerungen über den

„Lohengrin“ getan — von so distanziertem Scharfblick, daß sie über anderthalb Jahrzehnte hin den „Fall Wagner“ vorwegnahmen. In Nietzsches Verhältnis zu Wagner ist *kein* Bruch, was man auch sagen möge. Die Welt will immer einen Bruch sehen im Leben und Werk großer Männer. Sie fand ihn bei Tolstoi, wo alles eiserne Konsequenz, alles Späte im Frühen psychologisch vorgebildet ist. Sie fand ihn bei Wagner selbst, in dessen Entwicklung die gleiche unverbrüchliche Kontinuität und Logik waltet. Es ist mit Nietzsche nicht anders. So sehr sein größtenteils aphoristisches Werk in tausend farbigen Fazetten spielt, soviel an der Oberfläche liegende Widersprüche ihm nachzuweisen sind, — er war von Anfang ganz da, war immer derselbe, und in den Schriften des jugendlichen Professors, den „Unzeitgemäßen Betrachtungen“, der „Geburt der Tragödie“, der Abhandlung „Der Philosoph“ von 1873 liegen nicht nur die Keime seiner späteren Lehrbotschaft, sondern diese, eine *frohe* Botschaft nach seiner Meinung, ist bereits vollkommen und fertig in ihnen enthalten. Was sich ändert, ist allein die Akzentuierung, die immer frenetischer, die Stimmlage, die immer schriller, die Gebärde, die immer grotesker und fürchterlicher wird. Was sich ändert, ist die Schreibweise, die, hochmusikalisch von jeher, aus der würdigen, etwas altfränkisch-gelehrtenhaft gefärbten Zucht und Gebundenheit deutsch-humanistischer Überlieferung allmählich in einen unheimlich mondänen und hektisch heiteren, zuletzt mit der Schellenkappe des Weltenspaßmachers sich schmückenden Über-Feuilletonismus entartet.

Nicht genug aber ist die vollkommene Einheitlichkeit und Geschlossenheit von Nietzsches Lebenswerk zu betonen. In der Nachfolge Schopenhauers, dessen Schüler er blieb, auch als er den Meister längst verleugnet hatte, hat er eigentlich sein Leben lang nur *einen* überall gegenwärtigen Gedanken variiert, ausgebaut, eingeprägt, welcher, anfangs in voller Gesundheit und mit unbestreitbarer zeitkritischer Berechtigung auftretend, im Lauf der Jahre einer mänadischen Verwilderung anheimfällt, sodaß man Nietzsches Geschichte die Verfallsgeschichte dieses Gedankens nennen kann.

Welcher ist es? — Man muß ihn in seine Ingredienzien, seine in ihm streitenden Teile zerlegen, um ihn zu verstehen. Sie heißen, bunt durcheinander aufgeführt: Leben, Kultur, Bewußtsein oder Erkenntnis, Kunst, Vornehmheit, Moral, Instinkt. In diesem Ideenkomplex dominiert der Begriff der *Kultur*. Er ist dem Leben selbst fast gleichgesetzt: Kultur, das ist die Vornehmheit des Lebens, und mit ihr verbunden, als ihre Quellen und Bedingungen, sind Kunst und Instinkt, während als Todfeinde und Zerstörer von Kultur und Leben Bewußtsein und Erkenntnis, die Wissenschaft und endlich die Moral figurieren, — die Moral, welche als Wahrerin der Wahrheit dem Leben ans Leben geht, da dieses ganz wesentlich auf Schein, Kunst, Täuschung, Perspektive, Illusion beruht und der Irrtum der Vater des Lebendigen ist.

Er hat von Schopenhauer den Satz ererbt, daß „das Leben als Vorstellung allein, rein angeschaut oder durch die Kunst wiederholt, ein bedeutsames Schauspiel ist“, den Satz also, daß nur als ästhetisches Phänomen das Leben zu rechtfertigen ist. Das Leben ist Kunst und Schein, nichts weiter, und darum steht höher als die Wahrheit (die eine Angelegenheit der Moral ist) die Weisheit (als Sache der Kultur und des Lebens) — eine tragisch-ironische Weisheit, welche der Wissenschaft aus künstlerischem Instinkt, um der Kultur willen, Grenzen setzt und den obersten Wert, das Leben, nach zwei Seiten hin verteidigt: gegen den Pessimismus der Lebensverleumder und Fürsprecher des Jenseits oder des Nirwana — und gegen den Optimismus der Vernünftler und Weltverbesserer, die vom Erdenglück aller, von Gerechtigkeit fabeln und dem sozialistischen Sklavenaufstand vorarbeiten. Nietzsche hat diese tragische Weisheit, die das Leben in all seiner Falschheit, Härte und Grausamkeit segnet, auf den Namen des Dionysos getauft.

Der Name des trunkenen Gottes erscheint zuerst in der ästhetisch-mystischen Jugendschrift von der „Geburt der Tragödie aus dem Geist der Musik“, wo das Dionysische als künstlerisch-seelische Verfassung dem Kunstprinzip apollinischer Distanziertheit und Objektivität entgegengestellt wird, sehr ähnlich, wie Schiller in seinem berühmten Essay das „Naive“ dem „Sentimentalischen“ gegenüberstellt. Hier fällt zum erstenmal das Wort vom „theoretischen Menschen“, und die Kampfstellung gegen Sokrates, den Erztyp dieses theoretischen Menschen, wird bezogen: gegen Sokrates, den Verächter des Instinktes, den Verherrlicher des Bewußtseins, der lehrte, daß nur gut sein kann, was bewußt ist, den Feind des Dionysos und den Mörder der Tragödie. Von ihm stammt, nach Nietzsche, eine alexandrinische Wissenschaftskultur, blaß, gelehrtenhaft, mythosfremd, lebensfremd, eine Kultur, in der Optimismus und Vernunftglaube gesiegt haben, der praktische und theoretische Utilitarismus, welcher, gleich der Demokratie selbst, ein Symptom absinkender Kraft und der physiologischen Ermüdung ist. Der Mensch dieser sokratischen, anti-tragischen Kultur, der theoretische Mensch, will nichts mehr *ganz* haben, mit aller natürlichen

Grausamkeit der Dinge, verzärtelt wie er ist durch optimistische Betrachtung. Aber, so hält der junge Nietzsche sich überzeugt, die Zeit des sokratischen Menschen ist vorüber. Ein neues Geschlecht, heroisch, verwegen, verachtungsvoll gegen alle Schwächlichkeitsdoktrinen betritt den Schauplatz, ein allmähliches Erwachen des dionysischen Geistes ist festzustellen in unserer gegenwärtigen Welt, der Welt von 1870, aus den dionysischen Tiefen des deutschen Geistes, der deutschen Musik, der deutschen Philosophie, vollzieht sich die Wiedergeburt der Tragödie.

Er hat sich später über seinen Glauben von damals an den deutschen Geist verzweifelt lustig gemacht — und darüber, was er alles in ihn hineingelegt hat, nämlich sich selbst. Er selbst, in der Tat, ist in diesem noch mild-human, noch schwärmerisch-romantisch getönten Vorspiel seiner Philosophie schon vollständig enthalten, und auch die Welt-Perspektive, der Blick auf die abendländische Gesamtkultur ist schon da, wenn es ihm auch vor allem noch um die deutsche Kultur zu tun ist, an deren hohe Sendung er glaubt, die er aber in größter Gefahr sieht, durch Bismarcks Machtstaats-Gründung, durch Politik, demokratische Vermittelmäßigung und selbstgefällige Siegessattheit dieser Sendung verlustig zu gehen. Seine glänzende Diatribe gegen das altersschwache und vergnügte Buch des Theologen David Strauss, „Der alte und der neue Glaube", ist das unmittelbarste Beispiel für diese Kritik eines Philisteriums der Saturiertheit, das den deutschen Geist aller Tiefe zu berauben droht. Und es hat etwas Erschütterndes, wie schon hier der jugendliche Denker prophetische Blicke vorauswirft, auf das eigene Schicksal, das wie ein tragischer Lebensplan offen vor ihm zu liegen scheint. Ich meine die Stelle, wo er die ethische Feigheit des vulgären Aufklärers Strauss verhöhnt, der sich wohl hüte, aus seinem Darwinismus, aus dem bellum omnium contra omnes und dem Vorrecht des Stärkeren *Moralvorschriften für das Leben* abzuleiten, sondern sich immer nur in kräftigen Ausfällen gegen Pfaffen und Wunder gefalle, bei denen man den Philister für sich habe. Er selbst, das weiß er in seiner Tiefe schon, wird das Äußerste tun und selbst den Wahnwitz nicht scheuen, um den Philister *gegen* sich zu haben.

Es ist die zweite der „Unzeitgemäßen Betrachtungen", betitelt „Vom Nutzen und Nachteil der Historie für das Leben", worin jener Grundgedanke seines Lebens, von dem ich sprach, am vollkommensten, wenn auch noch in einer speziellen kritischen Einkleidung, präformiert ist. Die bewundernswerte Abhandlung ist im Grunde nur *eine* große Variation des

Hamlet-Wortes von der „angeborenen Farbe der Entschließung, die von des Gedankens Blässe angekränkelt wird“. Der Titel ist insofern inkorrekt, als von dem Nutzen der Historie kaum — und desto mehr von ihrem Nachteil für das *Leben,* das teure, heilige, ästhetisch gerechtfertigte, die Rede ist. Man hat das 19. Jahrhundert das historische Zeitalter genannt, und in Wahrheit hat es den historischen Sinn überhaupt erst hervorgebracht und entwickelt, von dem frühere Kulturen, eben *als* Kulturen, als künstlerisch in sich geschlossene Lebenssysteme, wenig oder garnichts wußten. Nietzsche spricht geradezu von der „historischen Krankheit“, die das Leben und seine Spontaneität zum Erlahmen bringe. Bildung, das sei heutzutage historische Bildung. Aber die Griechen hätten überhaupt keine historische Bildung gekannt, und man werde ja wohl Anstand nehmen, die Griechen ungebildet zu nennen. Historie, um der reinen Erkenntnis willen, nicht zum Zwecke des Lebens betrieben und ohne das Gegengewicht „plastischer Begabung“, schöpferischer Unbefangenheit, ist mörderisch, ist der Tod. Ein historisches Phänomen in seiner Erkanntheit — ist tot. Um eine wissenschaftlich erkannte Religion z. B. ist es geschehen, sie ist am Ende. Die historisch-kritische Behandlung des Christentums, sagt Nietzsche mit konservativer Besorgnis, löst es in reines Wissen um das Christentum auf. Bei der historischen Prüfung der Religion, sagt er, „kommen Dinge zu Tage, die die pietätvolle Illusionsstimmung, in der alles, was leben will, allein leben kann, notwendig zerstören“. Nur in Liebe, umschattet von der Illusion der Liebe, *schafft* der Mensch. Historie müßte als Kunstwerk traktiert werden, um kulturschöpferisch zu sein, — aber das liefe dem analytischen und unkünstlerischen Zug der Zeit zuwider. Historie treibt die Instinkte aus. Von ihr gebildet, oder verbildet, vermag der Mensch nicht mehr, „die Zügel hängen zu lassen“ und naiv zu handeln, dem „göttlichen Tier“ vertrauend. Historie unterschätzt stets das Werdende und lähmt die Tat, die immer Pietäten verletzen muß. Was sie lehrt und schafft, ist *Gerechtigkeit.* Aber das Leben braucht keine Gerechtigkeit, es braucht Ungerechtigkeit, es ist wesentlich ungerecht. „Es gehört sehr viel Kraft dazu“, sagt Nietzsche (und man zweifelt, ob er sich diese Kraft zutraut), „leben zu können und zu vergessen, inwiefern leben und ungerecht sein eins sind.“ Auf das Vergessen können aber kommt alles an. Er will das Unhistorische: die Kunst und Kraft *vergessen* zu können und sich in einen begrenzten Horizont einzuschließen, — eine Forderung, leichter erhoben, als erfüllt, so möchte man hinzusetzen. Denn mit einem begrenzten

Horizont wird man geboren, sich künstlich darin einzuschließen, ist eine ästhetische Mummerei und eine Verleugnung des Schicksals, aus der schwerlich etwas Echtes und Rechtes kommen kann. Aber Nietzsche, sehr schöner und edler Weise, will das *Über*historische, welches den Blick vom Werden ablenkt hin zu dem, was dem Dasein den Charakter des Ewigen und Seienden gibt, zu Kunst und Religion. Der Feind ist die Wissenschaft, denn sie sieht und kennt nur Historie und Werden, kein Seiendes, Ewiges; sie haßt das Vergessen als den Tod des Wissens und sucht alle Horizont-Umschränkungen aufzuheben. Alles Lebendige aber braucht eine schützende Atmosphäre, einen geheimnisvollen Dunstkreis und umhüllenden Wahn. Ein durch Wissenschaft beherrschtes Leben ist viel weniger Leben als eines, das nicht durch Wissen, sondern durch Instinkte und *kräftige Wahnbilder* beherrscht wird...

Bei den „kräftigen Wahnbildern" denken wir heute an Sorel und sein Buch „Sur la violence", worin proletarischer Syndikalismus und Faschismus noch Eines sind, und das den Massenmythos, ganz unabhängig von Wahrheit oder Unwahrheit, für den unentbehrlichen Motor der Geschichte erklärt. Wir fragen uns auch, ob es nicht besser wäre, die Massen in Respekt vor Vernunft und Wahrheit zu halten und dabei ihre Forderung nach Gerechtigkeit zu ehren, — als den Massenmythos zu pflanzen und von „kräftigen Wahnbildern" beherrschte Horden auf die Menschheit loszulassen. Wer tut das heute und zu welchem Zweck? Zu dem der Kultur gewiß nicht. — Aber Nietzsche weiß nichts von Massen und will nichts von ihnen wissen. „Der Teufel hole sie", sagt er, „und die Statistik!" Er will und verkündet eine Zeit, in der man sich, unhistorisch-überhistorisch, aller Konstruktionen des Weltprozesses oder auch der Menschheitsgeschichte weislich enthält, überhaupt nicht mehr die Massen betrachtet, sondern die Großen, Zeitlos-Gleichzeitigen, die über das historische Gewimmel hinweg ihr Geistergespräch führen. Das Ziel der Menschheit, sagt er, liegt nicht am Ende, sondern in ihren höchsten Exemplaren. Das ist sein Individualismus: ein ästhetischer Genie- und Heroenkult, den er von Schopenhauer übernommen hat, zusammen mit der Einprägung, daß das Glück unmöglich und das einzig Mögliche und Menschenwürdige ein *heroischer* Lebenslauf ist. In Nietzsches Umformung, im Verein mit seiner Anbetung des starken und schönen Lebens, ergibt das einen heroischen Ästhetizismus, zu dessen Schutzherrn er den Gott der Tragödie, Dionysos, ausruft. Es ist eben dieser dionysische Ästhetizismus, welcher den späteren

Nietzsche zum größten Kritiker und Psychologen der Moral macht, den die Geistesgeschichte kennt.

Zum Psychologen ist er geboren, die Psychologie ist seine Urleidenschaft: Erkenntnis und Psychologie, das ist ihm im Grunde ein und dieselbe Passion, und es ist ein Wahrzeichen der ganzen inneren Widersprüchlichkeit dieses großen und leidenden Geistes, daß er, dem das Leben weit höher als das Erkennen gilt, so vollkommen und unrettbar der Psychologie verfallen ist. Psycholog ist er allein schon kraft des schopenhauerischen Befundes, daß nicht der Intellekt den Willen hervorbringt, sondern umgekehrt, daß nicht der Intellekt das Primäre und Herrschende ist, sondern der Wille, zu dem der Intellekt in einem rein bedientenhaften Verhältnis steht. Der Intellekt als dienendes Werkzeug des Willens: das ist der Quellpunkt aller Psychologie, einer Verdächtigungs- und Entlarvungspsychologie, und Nietzsche, als Anwalt des Lebens, wirft sich der Moral-Psychologie in die Arme, er verdächtigt alle „guten" Triebe der Herkunft aus schlimmen und ruft die „bösen" als die vornehmen und lebenerhöhenden aus. Das ist „die Umwertung aller Werte".

Was früher Sokratismus, „der theoretische Mensch", Bewußtheit, historische Krankheit hieß, das heißt nun schlechthin „Moral", insonderheit „christliche Moral", die als etwas durch und durch Giftiges, Rankünöses und Lebensfeindliches enthüllt wird, — und nun darf man nicht vergessen, daß Nietzsches Moralkritik zum Teil etwas Unpersönliches, seiner Epoche allgemein Angehöriges ist. Es ist die Zeit um die Jahrhundertwende, die Zeit des ersten Anrennens der europäischen Intelligenz gegen die verheuchelte Moral des viktorianischen, des bürgerlichen Zeitalters: In dieses Bild fügt Nietzsches wütender Kampf gegen die Moral sich bis zu einem gewissen Grade und oft in überraschender Familienähnlichkeit ein. Es ist überraschend, die nahe Verwandtschaft mancher Aperçus von Nietzsche mit den keineswegs nur eitlen Attacken auf die Moral festzustellen, mit denen ungefähr gleichzeitig Oscar Wilde, der englische Ästhet, sein Publikum chockierte und zum Lachen brachte. Wenn Wilde erklärt: „For, try as we may, we cannot get behind the appearance of things to reality. And the terrible reason may be that there is no reality in things apart from their appearances"; wenn er von der „Wahrheit der Masken" und von dem „Verfall der Lüge" spricht, wenn er ausbricht: „To me beauty is the wonder of wonders. It is only shallow people who do not judge by appearances. The true mystery of the world is the visible, not the invisible":

wenn er die Wahrheit etwas so Persönliches nennt, daß niemals ein und dieselbe Wahrheit von zwei Geistern gewürdigt werden kann, wenn er sagt: „Every impulse that we strive to strangle broods in the mind, and poisons us... The only way to get rid of a temptation is to yield to it", und: „Don't be led astray into the paths of virtue!" — so könnte das alles sehr wohl bei Nietzsche stehen. Und wenn man andererseits bei diesem liest: „Der Ernst, dieses unmißverständliche Abzeichen des mühsameren Stoffwechsels." — „In der Kunst heiligt sich die Lüge und hat der Wille zur Täuschung das gute Gewissen auf seiner Seite." — „Wir sind grundsätzlich geneigt zu behaupten, daß die falschesten Urteile uns die unentbehrlichsten sind." — „Es ist nicht mehr als ein moralisches Vorurteil, daß Wahrheit mehr wert ist als Schein" — so ist unter diesen Sätzen keiner, der nicht in einer von Oscars Komödien vorkommen könnte and get a laugh in the St. James's Theatre. Wollte man Wilde sehr loben, so verglich man seine Stücke mit Sheridans „The School for Scandal". Vieles bei Nietzsche scheint aus dieser Schule zu stammen.

Natürlich hat die Zusammenstellung Nietzsches mit Wilde etwas fast Sakrilegisches, denn dieser war ein dandy, der deutsche Philosoph aber etwas wie ein Heiliger des Immoralismus. Und doch gewinnt durch das mehr oder weniger gewollte Märtyrertum seines Lebensendes, das Zuchthaus von Reading, Wildes dandyism einen Anflug von Heiligkeit, der Nietzsches ganze Sympathie erweckt hätte. Was ihn mit Sokrates versöhnte, war der Schierlingsbecher, das Ende, der Opfertod, dessen Eindruck auf die griechische Jugend und auf Plato er für unüberschätzbar hält. Und die Person des Jesus von Nazareth ließ er unberührt von seinem Haß auf das historische Christentum, abermals um des Endes, des Kreuzes willen, das er in tiefster Seele liebte, und auf das er selber willentlich zuschritt.

Sein Leben war Rausch und Leiden — eine hoch-künstlerische Verfassung, mythologisch gesprochen die Vereinigung des Dionysos mit dem Gekreuzigten. Den Thyrsus schwingend hat er das starke und schöne, das amoralisch triumphierende Leben ekstatisch verherrlicht und es gegen jede Verkümmerung durch den Geist verteidigt — und zugleich dem Leiden Huldigungen dargebracht wie keiner. „Es bestimmt die *Rangordnung*", sagt er, „wie tief einer leiden kann." Das ist nicht das Wort eines Anti-Moralisten. Es hat auch nichts von Anti-Moralismus, wenn er schreibt: „Was Qual und Entsagung betrifft, so darf sich das Leben meiner letzten

Jahre mit dem jedes Asketen irgend einer Zeit messen." Denn er schreibt das nicht Mitleid heischend, sondern mit Stolz: „Ich *will*", sagt er, „es so schwer haben, wie nur irgend ein Mensch es hat." Schwer hat er es sich gemacht, schwer bis zur Heiligkeit, denn Schopenhauers Heiliger blieb ihm im Grunde immer der höchste Typus, und der „heroische Lebenslauf", das ist der Lebenslauf des Heiligen. Was definiert den Heiligen? Daß er nichts von allem tut, was er möchte, und alles, was er nicht möchte. So hat Nietzsche gelebt: „Allem entsagend, was ich verehrte, der Verehrung selbst entsagend ... Du sollst Herr über dich werden, Herr auch über die eigenen Tugenden." Das ist der „Akt des sich selbst Überspringens", von dem Novalis einmal spricht, und von dem er meint, daß er überall der höchste sei. Dieser „Akt" nun (ein Artisten- und Akrobatenausdruck) hat bei Nietzsche so garnichts Übermütig-Gekonntes und Tänzerisches. Alles „Tänzerische" in seinem Gehaben ist Velleität und im höchsten Grade unangenehm. Sondern es ist ein blutiges sich ins eigene Fleisch schneiden, Kasteiung, Moralismus. Sein Wahrheitsbegriff selbst ist asketisch: denn Wahrheit ist ihm, was wehe tut, und er würde jeder Wahrheit mißtrauen, die ihm wohltäte. „Unter den Kräften", sagt er, „die die Moral großzog, war die Wahrhaftigkeit: diese wendet sich endlich gegen die Moral, entdeckt ihre Teleologie, ihre *interessierte* Betrachtung ..." Sein „Immoralismus" ist also die Selbstaufhebung der Moral aus Wahrhaftigkeit. Aber daß dies eine Art von Überschwang und Luxuriieren der Moral ist, deutet er an, wenn er von einem Erbreichtum an Moralität spricht, die viel verschwenden und zum Fenster hinauswerfen kann, ohne dadurch sonderlich zu verarmen.

Dies alles steht hinter den Atrozitäten und trunkenen Botschaften von Macht, Gewalt, Grausamkeit und politischem Betrug, zu welchen sein Gedanke des Lebens als Kunstwerk und einer vom Instinkt beherrschten, unreflektierten Kultur in den späteren Schriften glänzend degeneriert. Als ein Schweizer Kritiker, vom Berner „Bund", einmal schrieb, Nietzsche plaidiere für die Abschaffung aller anständigen Gefühle, da war der so Mißverstandene völlig wie vor den Kopf geschlagen. „Sehr verbunden!" sagte er höhnisch. Denn er hatte es alles sehr nobel und menschenfreundlich, im Sinn eines höheren, tieferen, stolzeren, *schöneren* Menschentums gemeint und sich sozusagen „nichts dabei gedacht" — jedenfalls nichts Schlechtes, wenn auch eine Menge Böses. Denn alles, was Tiefe hat, ist böse; das Leben selbst ist tief böse, es ist nicht von der Moral ausgedacht, es weiß nichts von „Wahrheit“, sondern beruht auf Schein und künstlerischer Lüge, es spricht der Tugend Hohn, denn es ist wesentlich Ruchlosigkeit und Ausbeutung, — und, sagt Nietzsche, es gibt einen Pessimismus der Stärke, eine intellektuelle Vorneigung für das Harte, Schauerliche, Böse, Problematische des Daseins aus Wohlsein, aus Fülle des Daseins. Dieses „Wohlsein“, diese „Fülle des Daseins“ schreibt der kranke Euphoriker sich zu und macht es zu seiner Sache, die bisher verneinten, vor allem vom Christentum verneinten, Seiten des Lebens als seine bejahenswertesten auszurufen. Das Leben über alles! Warum? Das hat er nie gesagt. Er hat nie einen Grund dafür angegeben, warum das Leben etwas unbedingt Anbetungswürdiges und höchst Erhaltenswertes ist, sondern hat nur erklärt, Leben gehe über Erkennen, *denn* mit dem Leben vernichte das Erkennen sich selbst. Es setze das Leben voraus und habe also an ihm das Interesse der Selbsterhaltung. Es scheint also, das Leben muß sein, damit es was zu erkennen gebe. Uns ist aber doch, als reiche diese Logik nicht aus für seine begeisterte Protektion des Lebens. Wenn er die Schöpfung eines Gottes darin sähe, so müßte man seine Frömmigkeit ehren, auch wenn man persönlich wenig Anlaß fände, vor dem explodierenden Weltall der modernen Physik auf die Stirn zu fallen. Er sieht aber eine massive und sinnlose Ausgeburt des Willens zur Macht darin, über dessen Sinnlosigkeit und kolossale Unmoralität eben man sich zu entzücken habe. Sein Huldigungsruf ist nicht „Hosianna!“ sondern „Evoe!“, und der Ruf hat außerordentlich gebrochenen und gequälten Klang. Er soll verleugnen, daß im Menschen etwas Über-Biologisches ist, das im Interesse am Leben nicht aufgeht, die Möglichkeit einer Distanzierung von diesem Interesse, eine kritische Ungebundenheit, die vielleich das ist, was Nietzsche „Moral“ nennt, und die dem lieben Leben zwar nie etwas Ernstliches anhaben wird — dazu ist dieses viel zu unverbesserlich —, aber als leises Korrektiv und Gewissensschärfung wirken mag, wie das Christentum es immer nur getan hat. „Es gibt keinen festen Punkt außerhalb des Lebens“, sagt Nietzsche, „von dem aus über das Dasein reflektiert werden könnte, keine Instanz, vor der das Leben sich *schämen* könnte.“ Wirklich nicht? Man hat das Gefühl, daß doch eine da ist, und möge es nicht die Moral sein, so ist es schlechthin der Geist des Menschen, die Humanität selbst als Kritik, Ironie und Freiheit, verbunden mit dem richtenden Wort. „Das Leben hat keinen Richter über sich“? Aber im Menschen kommen doch irgendwie Natur und Leben über sich selbst hinaus, sie verlieren in ihm ihre Unschuld, sie bekommen

Geist — und Geist ist die Selbstkritik des Lebens. Dieses humane Etwas in uns hat einen zweifelnden Blick des Mitleids für eine „Gesundheitslehre" des Lebens, die in noch nüchternen Tagen sich nur gegen die historische Krankheit richtet, aber dann in eine mänadische Wut gegen Wahrheit, Moral, Religion, Menschlichkeit, gegen alles ausartet, was zu einer leidlichen Zähmung des wilden Lebens dienen kann.

Soviel ich sehe, sind es zwei Irrtümer, die das Denken Nietzsches verstören und ihm verhängnisvoll werden. Der erste ist eine völlige, man muß annehmen: geflissentliche Verkennung des Machtverhältnisses zwischen Instinkt und Intellekt auf Erden, so, als sei dieser das gefährlich Dominierende, und höchste Notzeit sei es, den Instinkt vor ihm zu retten. Wenn man bedenkt, wie völlig bei der großen Mehrzahl der Menschen der Wille, der Trieb, das Interesse den Intellekt, die Vernunft, das Rechtsgefühl beherrschen und niederhalten, so gewinnt die Meinung etwas Absurdes, man müsse den Intellekt überwinden durch den Instinkt. Nur historisch, aus einer philosophischen Augenblickssituation, als Korrektur rationalistischer Saturiertheit, ist diese Meinung zu erklären, und sofort bedarf sie der Gegen-Korrektur. Als ob es nötig wäre, das Leben gegen den Geist zu verteidigen! Als ob die geringste Gefahr bestünde, daß es je zu geistig zugehen könnte auf Erden! Die einfachste Generosität sollte dazu anhalten, das schwache Flämmchen der Vernunft, des Geistes, der Gerechtigkeit zu hüten und zu schützen, statt sich auf die Seite der Macht und des instinkthaften Lebens zu schlagen und sich in einer korybantischen Überschätzung seiner „verneinten" Seiten, des Verbrechens zu gefallen, — dessen Schwachsinn wir Heutigen erlebt haben. Nietzsche tut — und hat damit viel Unheil angerichtet —, als sei es das moralische Bewußtsein, das dem Leben, wie Mephistopheles, die kalte Teufelsfaust entgegenstrecke. Für mein Teil sehe ich nichts besonders Teuflisches in dem Gedanken (einem alten Mystiker-Gedanken), daß einmal durch den Menschengeist das Leben aufgehoben werden könnte, — womit es ja gute, unendlich gute Weile hat. Die Gefahr, daß das Leben auf diesem Stern sich durch die Vervollkomnung der Atombombe selber aufhebt, ist wesentlich dringender. Aber auch das ist unwahrscheinlich. Das Leben ist eine zähe Katze, und eine solche ist die Menschheit.

Der zweite von Nietzsches Irrtümern ist das ganz und gar falsche Verhältnis, in das er Leben und Moral zu einander bringt, wenn er sie als Gegensätze behandelt. Die Wahrheit ist, daß sie zusammen gehören. Ethik ist Lebensstütze, und der moralische Mensch ein rechter Lebensbürger, — vielleicht etwas langweilig, aber höchst nützlich. Der wahre Gegensatz ist der von Ethik und *Ästhetik*. Nicht die Moral, die Schönheit ist todverbunden, wie viele Dichter gesagt und gesungen haben, — und Nietzsche sollte es nicht wissen? „Als Sokrates und Plato anfingen, von Wahrheit und Gerechtigkeit zu sprechen", sagt er einmal, „da waren sie keine Griechen mehr, sondern Juden — oder ich weiß nicht was." Nun, die Juden haben sich, dank ihrer Moralität, als gute und ausharrende Kinder des Lebens erwiesen. Sie haben, nebst ihrer Religion, ihrem Glauben an einen gerechten Gott, die Jahrtausende überdauert, während das liederliche Ästheten- und Artistenvölkchen der Griechen sehr bald vom Schauplatz der Geschichte verschwunden ist.

Aber Nietzsche, fern allem Rassen-Antisemitismus, sieht allerdings im Judentum die Wiege des Christentums und in diesem, mit Recht, aber mit Abscheu, den Keim der Demokratie, der französischen Revolution und der verhaßten „modernen Ideen", die sein schmetterndes Wort als Herdentier-Moral brandmarkt. „Krämer, Christen, Kühe, Weiber, Engländer und andere Demokraten", sagt er, denn den Ursprung der „modernen Ideen" sieht er in England (die Franzosen, meint er, waren nur ihre Soldaten), und was er an diesen Ideen verachtet und verflucht, ist ihr Utilitarismus und Eudämonismus, ihre Erhebung von Frieden und Erdenglück zu höchsten Wünschbarkeiten, — während auf solche gemeinen und weichlichen Werte der vornehme, der tragische, der heroische Mensch doch mit Füßen tritt. Dieser ist notwendig ein Krieger, hart gegen sich und andere, bereit zur Opferung seiner selbst und anderer. Was er dem Christentum vor allem zum Vorwurf macht, ist, daß es das Individuum zu solcher Wichtigkeit erhob, daß man es nicht mehr *opfern* konnte. Aber, sagt er, die Gattung bestehe nur durch Menschenopfer, und Christentum sei das Gegenprinzip gegen die Selektion. Es hat tatsächlich die Kraft, die Verantwortlichkeit, die hohe Pflicht, Menschen zu opfern, heruntergebracht und abgeschwächt und für Jahrtausende, bis zu Nietzsche hin, die Entstehung jener Energie der Größe verhindert, welche „durch Züchtung und andererseits durch Vernichtung von Millionen Mißratener den zukünftigen Menschen gestaltet und nicht zugrunde geht an dem nie dagewesenen Leid, das er schafft." — Wer hat jüngst die Kraft zu dieser Verantwortung besessen, diese Größe frech sich zugemutet und die hohe Pflicht, Menschen hekatombenweise zu opfern, ohne Wanken erfüllt? Eine crapule größenwahnsinniger Kleinbürger, bei deren Anblick Nietzsche sofort von schwerster Migräne mit allen ihren Begleiterscheinungen befallen worden wäre.

Er hat es nicht erlebt. Er hat auch seit dem altmodischen Chassepot- und Zündnadelgewehr-Kriege von 1870 keinen Krieg mehr erlebt und kann daher, aus lauter Haß auf die christlich-demokratische Glücksphilanthropie, in Verherrlichungen des Krieges schwelgen, die uns heute anmuten wie das Gerede eines erhitzten Knaben. Daß die gute Sache den Krieg heilige, ist ihm viel zu moralisch: es ist der gute Krieg, der *jede* Sache heiligt. „Die Wertung, mit der heute die verschiedenen Formen der Sozietät beurteilt werden", schreibt er, „ist ganz und gar eins mit jener, welche dem *Frieden* einen höheren Wert zuerteilt als dem Krieg: aber dies Urteil ist antibiologisch, ist selbst eine Ausgeburt der décadence des Lebens ... Das Leben ist eine Folge des Kriegs, die Gesellschaft selbst ein Mittel zum Krieg." Kein Gedanke daran, daß es vielleicht nicht schlecht wäre, wenn man versuchte, aus der Gesellschaft etwas anderes zu machen, als ein Mittel zum Kriege. Sie ist ein Naturprodukt, das, wie das Leben selbst, auf unmoralischen Voraussetzungen beruht, Voraussetzungen, welche anzutasten einem tückischen Anschlag auf das Leben gleichkommt. „Man hat auf das große Leben verzichtet", ruft er, „wenn man auf den Krieg verzichtet hat." Auf das Leben und auf die Kultur; denn diese bedarf zu ihrer Erfrischung der gründlichen Rückfälle in die Barbarei, und es ist eitel Schwärmerei, von der Menschheit an Kultur und Größe noch irgend etwas zu erwarten, wenn sie verlernt hat, Krieg zu führen. Er verachtet alle nationalistische Borniertheit. Aber diese Verachtung ist offenbar ein esoterisches Vorrecht einzelner, denn er beschreibt Ausbrüche von nationalistischem Macht- und Opferrausch mit einer Begeisterung, die keinen Zweifel läßt, daß er den Völkern, den Massen das „kräftige Wahnbild" des Nationalismus zu erhalten wünscht.

Es ist hier eine Einschaltung nötig. Wir haben die Erfahrung gemacht, daß es um den unbedingten Pazifismus unter Umständen eine mehr als fragwürdige, eine lügenhafte und niederträchtige Sache sein kann. Jahre lang war er über Europa und über die Welt hin nichts als die Maske fascistischer Sympathieen, und wahre Friedensfreunde haben den Frieden von München, den 1938 die Demokratieen mit dem Fascismus schlossen, angeblich um den Völkern den Krieg zu ersparen, als den tiefsten Punkt der europäischen Geschichte empfunden. Der Krieg gegen Hitler, oder vielmehr die bloße Bereitschaft dazu, die genügt hätte, ist ersehnt worden von diesen Friedensfreunden. Wenn man sich aber vor Augen stellt — und es stellt sich einem vor Augen! —, welches Verderben in jedem Sinne des Wortes selbst der für die Menschheit geführte Krieg zeitigt, welche Entsittlichung, welche Entfesselung gierig egoistischer und antisozialer Triebe; wenn man, belehrt durch das schon Erlebte, sich ein ungefähres Bild davon macht, wie die Erde erst nach dem nächsten, dem dritten Weltkrieg aussehen wird — aussehen würde —, so erscheinen einem Nietzsches Rodomontaden von der kulturerhaltenden und selektiven Funktion des Krieges als die Phantasieen eines Unerfahrenen, des Sohnes einer langen Friedens- und Sekuritätsepoche mit „mündelsicheren Anlagen", welche sich an sich selbst zu langweilen beginnt.

Da er übrigens mit erstaunlichem prophetischem Vorgefühl eine Folge ungeheuerer Kriege und Explosionen, ja das klassische Zeitalter des Krieges voraussagt, „worauf Spätere mit Neid und Ehrfurcht blicken werden", so scheint es ja um die humanitäre Entartung und Verschneidung der Menschheit noch nicht so gefährlich bestellt zu sein, und man sieht den Grund nicht ein, weshalb sie zu dem selektiven Gemetzel noch philosophisch angespornt werden muß. Will diese Philosophie die moralischen Skrupel beseitigen, die den kommenden Greueln etwa im Wege sind? Will sie die Menschheit für das prachtvoll Bevorstehende in Form bringen? Aber sie tut es auf eine voluptuöse Weise, die — nicht etwa, wie beabsichtigt, unseren moralischen Protest hervorruft, sondern uns weh und bange macht um den edlen Geist, der hier wollüstig gegen sich selber wütet. Über bloße Erziehung zur Männlichkeit geht es peinlich hinaus, wenn mittelalterliche Formen der Folter aufgezählt, beschrieben und empfohlen werden mit einer Genüßlichkeit, die ihre Spuren in zeitgenössischer deutscher Literatur hinterlassen hat. Es grenzt ans Gemeine, wenn „Zärtlingen zum Trost" die geringere Schmerzfähigkeit niedriger Rassen, der Neger etwa, zu bedenken gegeben wird. Und wenn dann der Sang von der „Blonden Bestie" sich erhebt, „dem frohlockenden Ungeheuer", dem Typus Mensch, der „von der scheußlichen Abfolge von Mord, Niederbrennung, Schändung, Folter mit Übermut heimkommt wie von einem Studentenstreich", so ist das Bild des infantilen Sadismus vollkommen, und unsere Seele windet sich in Pein.

Es ist der Romantiker Novalis, ein Geist von Nietzsches Familie also, der die schlagendste Kritik dieser Geisteshaltung gegeben hat. „Das Ideal der Sittlichkeit", sagt er, „hat keinen gefährlicheren Nebenbuhler als das Ideal der höchsten Stärke, des kräftigsten Lebens, das man auch das Ideal der ästhetischen Größe (im Grunde sehr richtig, der Meinung nach aber sehr falsch) benannt hat. Es ist das Maximum des Barbaren und hat leider in diesen Zeiten verwildernder Kultur gerade unter den größten Schwächlingen sehr viele Anhänger erhalten. Der Mensch wird durch dieses Ideal zum Tier-Geiste, eine Vermischung, deren brutaler Witz eben eine brutale Anziehungskraft für Schwächlinge hat.“

Das ist nicht zu übertreffen. Hat Nietzsche die Stelle gekannt? Man kann nicht daran zweifeln. Aber er hat sich durch sie in seinen trunkenen, bewußt trunkenen und darum im Grunde nicht ernst gemeinten Provokationen des „Ideals der Sittlichkeit“ nicht stören lassen. Was Novalis das Ideal der ästhetischen Größe, das Maximum des Barbaren, den Menschen als Tier-Geist nennt, das ist Nietzsches Übermensch, und er schildert ihn als die „Ausscheidung eines Luxus-Überschusses der Menschheit, in welcher eine stärkere Art, ein höherer Typus ans Licht tritt, der andere Entstehungs- und andere Erhaltungsbedingungen hat als der Durchschnittsmensch.“ Es sind die zukünftigen Herren der Erde, ist der prangende Tyrannentyp, zu dessen Erzeugung die Demokratie gerade recht ist, und der sie denn auch als Instrument benutzen, seine neue Moral in machiavellistischer Anknüpfung an das bestehende Sittengesetz, unter dessen Worten einführen muß. Denn diese Schreckensutopie von Größe, Stärke und Schönheit lügt bei Weitem lieber, als daß sie die Wahrheit sagt, — es kostet mehr Geist und Willen. Der Übermensch ist der Mensch, „in dem die spezifischen Eigenschaften des Lebens — Unrecht, Lüge, Ausbeutung am größten sind."

Es wäre die letzte Inhumanität, all diesen schrillen und gequälten Herausforderungen mit Spott und Schimpf — und bloße Dummheit, ihnen mit moralischer Entrüstung zu begegnen. Wir haben ein Hamletschicksal vor uns, ein tragisches Schicksal über die Kraft gehender Erkenntnis, das Ehrfurcht einflößt und Erbarmen. „Ich glaube“, sagt Nietzsche einmal, „ich habe einiges aus der Seele des höchsten Menschen erraten — *vielleicht geht jeder zugrunde,* der ihn errät.“ Er ist daran zugrunde gegangen, und zu vielfach sind die Atrozitäten seines Lehrens von unendlich rührendem lyrischen Leid, von tiefen Liebesblicken, von Lauten schwermütigster Sehnsucht nach dem Tau der Liebe für das dürre, das regenlose Land seiner Einsamkeit durchzogen, als daß Hohn oder Abscheu vor solchem Ecce Homo-Bilde sich hervorwagen dürften. Aber etwas in die Enge getrieben sieht unsere Verehrung sich freilich, wenn der von Nietzsche hundertmal verhöhnte und als giftiger Hasser höheren Lebens angeprangerte "Sozialismus der unterworfenen Kaste" uns nachweist, daß sein Übermensch nichts anderes ist als die Idealisierung des fascistischen Führers, und daß er selbst mit seinem ganzen Philosophieren ein Schrittmacher, Mitschöpfer und Ideensouffleur des europäischen —, des Welt-Fascismus gewesen ist. Unterderhand bin ich geneigt, hier Ursache und Wirkung umzukehren und nicht zu glauben, daß Nietzsche den Fascismus gemacht hat, sondern der Fascismus ihn, — will sagen: politikfern im Grunde und unschuldig-geistig, hat er als sensibelstes Ausdrucks- und Registrierinstrument mit seinem Macht-Philosophem den heraufsteigenden Imperialismus vorempfunden und die fascistische Epoche des Abendlandes, in der wir leben und trotz dem militärischen Sieg über den Fascismus noch lange leben werden, als zitternde Nadel angekündigt.

Als Denker, der mit seinem ganzen Wesen von Anbeginn aus dem Bürgerlichen heraustrat, hat er die fascistische Komponente der nachbürgerlichen Zeit scheinbar bejaht und die sozialistische verneint, weil diese die moralische war, und weil er Moral überhaupt mit bügerlicher Moral verwechselte. Aber dem Einfluß des sozialistischen Elements im Kommenden hat seine Empfindlichkeit sich garnicht entziehen können, und das ist es, was die Sozialisten verkennen, die ihn als Fascisten pur sang verrufen. Es ist so einfach nicht, — so viel für diese Vereinfachung vorgebracht werden kann. Wahr ist es: seine heroische Glücksverachtung, die etwas sehr Persönliches und politisch schlecht verwendbar war, hat ihn verleitet, in jedem Willen zur Abstellung der entehrendsten sozialen und ökonomischen Mißstände, des vermeidbaren Leidens auf Erden das verächtliche Verlangen nach dem „grünen Weideglück der Herdentiere" zu sehen. Nicht umsonst ist sein Wort vom „gefährlichen Leben" ins Italienische übersetzt worden und in den Argot des Fascismus eingegangen. Alles, was er in letzter Überreiztheit gegen Moral, Humanität, Mitleid, Christentum und für die schöne Ruchlosigkeit, den Krieg, das Böse gesagt hat, war leider geeignet, in der Schund-Ideologie des Fascismus seinen Platz zu finden, und Verirrungen wie seine „Moral für Ärzte" mit der Vorschrift der Krankentötung und Kastrierung der Minderwertigen, seine Einprägung von der Notwendigkeit der Sklaverei, dazu manche seiner rassehygienischen Auslese-, Züchtungs-, Ehevorschriften sind tatsächlich, wenn auch vielleicht ohne wissentliche Bezugnahme auf ihn, in die Theorie und Praxis des Nationalsozialismus übergegangen. Wenn das Wort wahr ist: „An ihren Früchten sollt ihr sie erkennen", so steht es schlimm um Nietzsche. Bei Spengler, seinem klugen Affen, ist der Herrenmensch seines Traumes zum modernen „Tatsachenmenschen großen Stils“, zu dem über Leichen gehenden Raub- und Profitmenschen, zum Geldmagnaten, Rüstungsindustriellen, zum deutschen Generaldirektor geworden, der den Fascismus finanziert, — kurz, Nietzsche wird bei ihm in stupider Eindeutigkeit zum philosophischen Patron des Imperialismus, — von dem er in Wahrheit nichts verstanden hat. Wie hätte er sonst dem Händler-, dem Krämergeist, den er für pazifistisch hält, auf Schritt und Tritt seine Verachtung erweisen und ihm den heldischen, den Geist des Soldatentums rühmend entgegenstellen können? Das Bündnis von Industrialismus und Militarismus, ihre politische Einheit, in welcher der Imperialismus besteht, und daß es der Geist des Verdienens ist, der die Kriege macht, das hat sein „aristokratischer Radikalismus“ überhaupt nicht gesehen.

Man sollte sich doch nicht täuschen lassen: Der Fascismus als Massenfang, als letzte Pöbelei und elendestes Kultur-Banausentum, das je Geschichte gemacht hat, ist dem Geiste dessen, für den alles sich um die Frage „Was ist vornehm?“ drehte, im Tiefsten fremd; er liegt ganz außerhalb seiner Einbildungskraft, und daß das deutsche Bürgertum den Nazi-Einbruch mit Nietzsches Träumen von kulturerneuernder Barbarei verwechselte, war das plumpste aller Mißverständnisse. Ich rede nicht von seinem verachtungsvollen Hinwegsehen über allen Nationalismus, seinem Haß auf das „Reich“ und die verdummende deutsche Machtpolitik, seinem Europäertum, seinem Hohn auf den Antisemitismus und den gesamten Rasseschwindel. Aber ich wiederhole, daß der sozialistische Einschlag in seiner Vision nachbürgerlichen Lebens ebenso stark ist wie derjenige, den man den fascistischen nennen kann. Was ist es denn, wenn Zarathustra ruft: „Ich beschwöre euch, meine Brüder, bleibt der Erde treu! Nicht mehr den Kopf in den Sand der himmlischen Dinge stecken, sondern frei ihn tragen, einen Erdenkopf, der der Erde Sinn schafft! . . . Führt gleich mir die verflogene Tugend zur Erde zurück — ja, zurück zu Liebe und Leben: daß sie der Erde einen Sinn gebe, einen Menschensinn!“? Es bedeutet den Willen, das Materielle mit Menschlichem zu durchdringen, den Materialismus des Geistes, es ist Sozialismus.

Sein Kulturbegriff hat hie und da eine stark sozialistische, jedenfalls nicht mehr bürgerliche Färbung. Er wendet sich gegen das Auseinanderfallen von Gebildeten und Ungebildeten, und sein jugendlicher Wagnerismus meint vor allem dies: das Ende der Renaissance-Kultur, dieses Groß-

Zeitalters der Bürgerlichkeit, eine Kunst für Hoch und Niedrig, keine höchsten Beglückungen mehr, die nicht den Herzen aller gemein wären.

Von Arbeiterfeindschaft zeugt es nicht, es zeugt vom Gegenteil, wenn er sagt: „Die Arbeiter sollen als Soldaten empfinden lernen: ein Honorar, ein Gehalt, aber keine Bezahlung. Sie sollen einmal leben wie jetzt die Bürger; aber *über* ihnen, sich durch Bedürfnislosigkeit auszeichnend, die *höhere* Kaste, also ärmer und einfacher, aber im Besitz der Macht." Und er hat sonderbare Anweisungen gegeben, den Besitz moralischer zu machen: „Man halte alle Arbeitswege zum *kleinen* Vermögen offen", sagt er, „aber verhindere die mühelose, die plötzliche Bereicherung, man ziehe alle Zweige des Transports und Handels, welche der Anhäufung *großer* Vermögen günstig sind, also namentlich den Geldhandel, aus den Händen der Privaten und Privatgesellschaften — und betrachte ebenso die Zuviel- wie die Nichts-Besitzer als gemeingefährliche Wesen." — Der Nichts-Besitzer als bedrohliche Bestie in den Augen des philosophischen Kleinkapitalisten: das stammt von Schopenhauer. Die Gefährlichkeit des Zuviel-Besitzers hat Nietzsche dazugelernt.

Um 1875, vor mehr als siebzig Jahren, prophezeit er, nicht gerade mit Enthusiasmus, sondern einfach als Konsequenz der siegenden Demokratie, einen europäischen *Völkerbund,* „in welchem jedes einzelne Volk, nach geographischen Zweckmäßigkeiten abgegrenzt, die Stellung eines Kantons und dessen Sonderrechte innehat." Die Perspektive ist damals noch rein europäisch. Im Lauf des folgenden Jahrzehnts weitet sie sich ins Globale und Universelle. Er spricht von der unvermeidlich bevorstehenden Wirtschafts-Gesamtverwaltung der Erde. Er ruft nach möglichst vielen internationalen Mächten — „um die Welt-Perspektive einzuüben". Sein Glaube an Europa schwankt. „Die Europäer bilden sich im Grunde ein, jetzt den höheren Menschen auf der Erde darzustellen. Die asiatischen Menschen sind hundertmal großartiger als die europäischen." Andererseits hält er für möglich, daß in der Welt der Zukunft der geistige Einfluß in den Händen des typischen Europäers sein könnte, einer Synthese der europäischen Vergangenheit im höchsten geistigen Typ. „Die Herrschaft der Erde — angelsächsisch. Das deutsche Element ein gutes Ferment, es versteht nicht zu herrschen." Dann wieder sieht er das Ineinanderwachsen der deutschen und slavischen Rasse und Deutschland als eine vor-slavische Station, einem panslavischen Europa den Weg bereitend. Das Heraufkommen Rußlands als Weltmacht ist ihm vollkommen klar: „Die Gewalt geteilt zwischen Slaven und Angelsachsen und Europa als Griechenland unter der Herrschaft Roms."

Für einen Ausflug ins Weltpolitische, unternommen von einem Geist, dem es im Grunde nur um die Aufgabe der Kultur zu tun ist, den Philosophen, den Künstler und den Heiligen zu erzeugen, sind das frappante Ergebnisse. Er sieht, über annähernd ein Jahrhundert hinweg, ungefähr was wir Heutigen sehen. Denn die Welt, ein neu sich bildendes Weltbild, ist eine Einheit, und wohin, nach welcher Seite immer eine so ungeheuere Reizbarkeit sich wendet und vortastet, erfühlt sie das Neue, das Kommende und zeigt es an. Nietzsche nimmt, rein intuitiv, Ergebnisse der modernen Physik vorweg durch seine Bekämpfung der mechanistischen Weltinterpretation, seine Leugnung einer kausal determinierten Welt, des klassischen „Naturgesetzes", der Wiederkehr identischer Fälle. „Es gibt kein zweites Mal." Es gibt auch keine Berechenbarkeit, nach der auf eine bestimmte Ursache eine bestimmte Wirkung folgen müßte. Die Auslegung eines Geschehens nach Ursache und Wirkung ist falsch. Es handelt sich um einen Kampf zweier an Macht ungleichen Elemente, ein Neu-Arrangement von Kräften, wobei der neue Zustand etwas Grundverschiedenes vom alten, keineswegs dessen Wirkung ist. Dynamik also statt Logik und Mechanik. Nietzsches „naturwissenschaftliche Ahnungen", um Helmholtz' Wort über Goethe aufzunehmen, sind geistig tendenziös, sie wollen etwas, sie ordnen sich seinem Macht-Philosophem, seinem Anti-Rationalismus ein und dienen seiner Erhebung des Lebens über das Gesetz, — weil das Gesetz als solches schon etwas „Moralisches" hat. Aber wie es um diese Tendenz nun stehe — vor der Naturwissenschaft, der das „Gesetz" sich unterdessen zur bloßen Wahrscheinlichkeit abgeschwächt hat und die am Kausalbegriff weitgehend irre geworden ist, hat er recht behalten.

Wie mit jedem Gedanken, den er gedacht hat, tritt er mit seinen physikalischen Ideen aus der bürgerlichen Welt klassischer Rationalität in eine neue, in der er selbst seiner Herkunft nach der Fremdeste ist. Ein Sozialismus, der ihm das nicht zugut rechnen will, erregt die Vermutung, daß er selbst der Bürgerlichkeit weit mehr angehört, als er weiß. Die Beurteilung Nietzsches als eines zentrumslosen Aphoristikers ist aufzugeben: seine Philosophie ist so gut wie die Schopenhauers ein durchorganisiertes System, entwickelt aus einem einzigen, alles durchdringenden Grundgedanken. Aber dieser Grund- und Ausgangsgedanke ist nun freilich radikal ästhetischer Art, — wodurch allein sein Schauen und Denken in unversöhnlichen Gegensatz zu allem Sozialismus geraten muß. Es gibt zuletzt nur zwei Gesinnungen und innere Haltungen: die ästhetische und die moralistische, und der Sozialismus ist streng moralische Weltansicht. Nietzsche dagegen ist der vollkommenste und rettungsloseste Ästhet, den die Geschichte des Geistes kennt, und seine Voraussetzung, die seinen dionysischen Pessimismus in sich enthält: daß nämlich das Leben nur als ästhetisches Phänomen zu rechtfertigen sei, trifft genauestens auf ihn, sein Leben, sein Denk- und Dichtwerk zu, — nur als ästhetisches Phänomen ist es zu rechtfertigen, zu verstehen, zu verehren, bewußt, bis in die Selbst-Mythologisierung des letzten Augenblicks und bis in den Wahnsinn hinein ist dieses Leben eine künstlerische Darbietung, nicht nur dem wundervollen Ausdruck, sondern dem innersten Wesen nach, — ein lyrisch-tragisches Schauspiel von höchster Faszination.

Es ist merkwürdig genug, obgleich wohl verständlich, daß die erste Form, in der der europäische Geist gegen die Gesamtmoral des bürgerlichen Zeitalters rebellierte, der Ästhetizismus war. Nicht umsonst habe ich Nietzsche und Wilde zusammen genannt — als Revoltierende und zwar im Namen der Schönheit Revoltierende gehören sie zusammen, möge auch bei dem deutschen Tafelbrecher die Revolte ungeheuer viel tiefer gehen und ungeheuer viel mehr an Leiden, Entsagung, Selbstüberwindung kosten. Bei sozialistischen Kritikern, namentlich russischen, habe ich wohl gelesen, die ästhetischen Aperçus und Urteile Nietzsches seien oft von bewundernswerter Feinheit, in moralisch-politischen Dingen aber sei er ein Barbar. Diese Distinktion ist naiv, denn Nietzsches Verherrlichung des Barbarischen ist nichts weiter als eine Ausschweifung seiner ästhetischen Trunkenheit, und allerdings verrät sie eine Nachbarschaft, über die wir allen Grund haben, nachzudenken: die Nachbarschaft eben von Ästhetizismus und Barbarei. Diese unheimliche Nähe wurde gegen Ende des 19. Jahrhunderts noch nicht gesehen, gefühlt, gefürchtet, — sonst hätte Georg Brandes, ein Jude und liberaler Schriftsteller, den „aristokratischen Radikalismus“ des deutschen Philosophen nicht als neue Nuance entdecken und Propaganda-Vorlesungen darüber halten können: ein Zeichen für das damals noch herrschende Sicherheitsgefühl, die Sorglosigkeit des zur Neige gehenden bürgerlichen Zeitalters, — ein Zeichen aber auch, daß der gewiegte dänische Kritiker Nietzsches Barbarismus nicht ernst, nicht eigentlich nahm, ihn cum grano salis verstand, — woran er sehr recht tat.

Durch Nietzsches Ästhetizimus, der eine rasende Verleugnung des Geistes ist zugunsten des schönen, starken und ruchlosen Lebens, die Selbstverleugnung eines Menschen also, der tief am Leben leidet, kommt etwas Uneigentliches, Unverantwortliches, Unverlässiges und Leidenschaftlich-Gespieltes in seine philosophischen Ergüsse, ein Element tiefster Ironie, woran das Verständnis des schlichteren Lesers scheitern muß. Was er bietet, ist nicht nur Kunst, — eine Kunst ist es auch, ihn zu lesen, und keinerlei Plumpheit und Geradheit ist zulässig, jederlei Verschlagenheit, Ironie, Reserve erforderlich bei seiner Lektüre. Wer Nietzsche „eigentlich" nimmt, wörtlich nimmt, wer ihm glaubt, ist verloren. Mit ihm wahrhaftig steht es wie mit Seneca, den er einen Menschen nennt, dem man immer sein Ohr, aber niemals „Treu und Glauben" schenken sollte. Sind Beispiele nötig? Der Leser des „Fall Wagner" etwa traut seinen Augen nicht, wenn in einem Brief an den Musiker Carl Fuchs vom Jahre 1888 plötzlich zu lesen ist: „Das, was ich über Bizet sage, dürfen Sie nicht ernst nehmen; so wie ich bin, kommt Bizet tausend Mal für mich nicht in Betracht. Aber als ironische Antithese gegen Wagner wirkt es sehr stark..." Das bleibt übrig „unter uns" geredet, von dem verzückten Loblied auf „Carmen" im „Fall Wagner". Es ist verblüffend, aber es ist noch garnichts. In einem anderen Brief an denselben Adressaten gibt er Ratschläge, wie am besten über ihn als Psychologen, Schriftsteller, Immoralisten zu schreiben sei: nämlich nicht urteilend mit Nein und Ja, sondern charakterisierend in geistiger Neutralität. „Es ist durchaus *nicht* nötig, nicht einmal *erwünscht,* Partei dabei für mich zu nehmen: im Gegenteil, eine Dosis Neugierde, wie vor einem fremden Gewächs, mit einem ironischen Widerstande, schiene mir eine unvergleichlich *intelligentere* Stellung zu mir. — Verzeihung! Ich schrieb eben einige Naivetäten — ein kleines Rezept, sich glücklich aus etwas *Unmöglichem* herauszuziehen..."

Hat je ein Autor auf seltsamere Art vor sich *gewarnt?* — „Antiliberal bis zur Bosheit" nennt er sich. Antiliberal *aus* Bosheit, aus Drang nach Provokation, wäre richtiger. Als 1888 der Kaiser der hundert Tage, Friedrich III., der englisch verheiratete Liberale, stirbt, ist Nietzsche bewegt und niedergeschlagen wie der ganze deutsche Liberalismus. „Zuletzt war er ein kleines Schimmerlicht von *freiem* Gedanken, die letzte Hoffnung für Deutschland. Jetzt beginnt das Regiment Stöcker: — ich ziehe die Konsequenz und *weiß* bereits, daß nunmehr mein „Wille zur Macht" zuerst in Deutschland konfisziert werden wird..." — Nun, es wird nichts konfisziert. Der Geist der liberalen Epoche ist noch zu stark, es darf in Deutschland alles gesagt werden. In der Trauer Nietzsches um Friedrich aber kommt unversehens etwas ganz Schlichtes, Einfaches und Un-Paradoxales — man kann sagen, es kommt die Wahrheit zum Vorschein: die natürliche Liebe des Geistesmenschen, des Schriftstellers zur *Freiheit,* die seine Lebensluft ist, — und auf einmal liegt das ganze ästhetische Phantasiewerk von Sklaverei, Krieg, Gewalt, herrlicher Grausamkeit irgendwo fern im Lichte unverantwortlichen Spiels und farbiger Theorie.

Er hat sein Leben lang den „theoretischen Menschen" vermaledeit, aber er selbst *ist* dieser theoretische Mensch par excellence und in Reinkultur, sein Denken ist absolute Genialität, unpragmatisch zum Äußersten, bar jeder pädagogischen Verantwortung, von tiefer Politiklosigkeit; es ist in Wahrheit *ohne* Beziehung zum Leben, dem geliebten, verteidigten, über alles erhobenen, und nie hat er sich die geringste Sorge darum gemacht, wie seine Lehren sich in praktischer, politischer Wirklichkeit ausnehmen würden. Das haben auch die zehntausend Dozenten des Irrationalen nicht getan, die in seinem Schatten, über ganz Deutschland hin, wie Pilze aus dem Boden wuchsen. Kein Wunder! Denn nichts konnte im Grunde der deutschen Anlage genehmer sein, als sein ästhetischer Theoretizismus. Auch gegen die Deutschen, diese Verderber der europäischen Geschichte, hat er seine schweflichten kritischen Blitze geschleudert und schließlich kein gutes Haar an ihnen gelassen. Aber wer, zuletzt, war deutscher als er, wer hat den Deutschen alles noch einmal exemplarisch vorgemacht, wodurch sie der Welt eine Not und ein Schrecken geworden sind und sich zugrunde gerichtet haben: die romantische Leidenschaft, den Drang zur ewigen Ich-Entfaltung ins Grenzenlose ohne festen Gegenstand, den Willen, der frei ist, weil er kein Ziel hat und ins Unendliche geht? Als die Laster der Deutschen hat er den Trunk und den Hang zum Selbstmord bezeichnet. Ihre Gefahr liege in allem, was die Verstandeskräfte bindet und die Affekte entfesselt, „denn der deutsche Affekt ist gegen den eigenen Nutzen gerichtet und selbstzerstörerisch wie der des Trunkenbolds. Die Begeisterung selber ist in Deutschland weniger wert als anderwärts, denn sie ist unfruchtbar." — Wie nennt Zarathustra sich? „Selbstkenner-Selbsthenker." —

In mehr als einem Sinn ist Nietzsche historisch geworden. Er hat Geschichte gemacht, fürchterliche Geschichte, und übertrieb nicht, wenn er sich „ein Verhängnis" nannte. Seine Einsamkeit hat er ästhetisch übertrieben. Er gehört, allerdings in extrem deutscher Gestalt, einer allgemein abendländischen Bewegung an, die Namen wie Kierkegaard, Bergson und viele andere zu den ihren zählt und eine geistesgeschichtliche Revolte ist gegen den klassischen Vernunftglauben des 18. und 19. Jahrhunderts. Sie hat ihr Werk getan — oder nur insofern noch nicht vollendet, als seine notwendige Fortsetzung die Rekonstituierung der menschlichen Vernunft auf neuer Grundlage, die Eroberung eines Humanitätsbegriffs ist, der gegen den selbstgefällig verflachten der Bürgerzeit an Tiefe gewonnen hat.

Die Verteidigung des Instinkts gegen Vernunft und Bewußtheit war eine zeitliche Korrektur. Die dauernde, ewig notwendige Korrektur bleibt die des Lebens durch den Geist — oder die Moral, wenn man will. Wie zeitgebunden, wie theoretisch auch, wie unerfahren mutet uns Nietzsches Romantisierung des Bösen heute an! Wir haben es in seiner ganzen Miserabilität kennen gelernt und sind nicht mehr Ästheten genug, uns vor dem Bekenntnis zum Guten zu fürchten, uns so trivialer Begriffe und Leitbilder zu schämen wie Wahrheit, Freiheit, Gerechtigkeit. Zuletzt gehört der Ästhetizismus, in dessen Zeichen die freien Geister sich gegen die Bürger-Moral wandten, selbst dem bürgerlichen Zeitalter an, und dieses überschreiten heißt, heraustreten aus einer ästhetischen Epoche in eine moralische und soziale. Eine ästhetische Weltanschauung ist schlechterdings unfähig, den Problemen gerecht zu werden, deren Lösung uns obliegt, — so sehr Nietzsches Genie dazu beigetragen hat, die neue Atmosphäre zu schaffen. Einmal vermutet er, daß in der kommenden Welt seiner Vision die *religiösen* Kräfte immer noch stark genug sein könnten zu einer ästhetischen Religion à la Buddha, welche über die Unterschiede der Konfessionen hinwegstriche — und die Wissenschaft hätte nichts gegen ein neues Ideal. „Aber allgemeine Menschenliebe“, fügt er vorsorglich hinzu, „wird es nicht sein!“ — Und wenn es nun gerade dies wäre? — Es brauchte die optimistisch-idyllische Liebe zum „Menschengeschlecht“ nicht zu sein, der das 18. Jahrhundert sanfte Tränen weihte und der übrigens die Gesittung ungeheuere Fortschritte verdankt. Wenn aber Nietzsche verkündete: „Gott ist tot“ — ein Beschluß, der für ihn das schwerste aller Opfer bedeutete — zu wessen Ehrung, zu wessen Erhöhung tat er es, als zu der des Menschen? Wenn er Atheist war, wenn er es zu sein vermochte, so war er es, und klinge das Wort noch so pastoralempfindsam, aus Menschenliebe. Er muß es sich gefallen lassen, ein Humanist genannt zu werden, wie er es dulden muß, daß man seine Moral-Kritik als eine letzte Form der Aufklärung begreift. Die überkonfessionelle Religiosität, von der er spricht, kann ich mir nicht anders vorstellen als gebunden an die Idee des Menschen, als einen religiös fundierten und getönten Humanismus, der, vielerfahren, durch vieles hindurchgegangen, alles Wissen ums Untere und Dämonische hineinnähme in seine Ehrung des menschlichen Geheimnisses.

Religion ist Ehrfurcht, — die Ehrfurcht zuerst vor dem Geheimnis, das der Mensch ist. Sofern es um neue Ordnung, neue Bindung, die Anpassung der menschlichen Gesellschaft an die Erfordernisse der Weltstunde geht, ist gewiß mit Konferenzbeschlüssen, technischen Maßnahmen, juridischen Institutionen wenig getan, und World Government bleibt rationale Utopie. Notwendig zuerst ist die Wandlung des geistigen Klimas, ein neues Gefühl für die Schwierigkeit und den Adel des Menschseins, eine alles durchwaltende Grundgesinnung, der niemand sich entzieht, die jeder im Innersten als Richter anerkennt. Für ihre Entstehung und Befestigung kann der Dichter und Künstler, unmerklich von oben ins Untere, Breite wirkend, einiges tun. Aber sie wird nicht gelehrt und gemacht, sie wird erlebt und erlitten.

Daß Philosophie nicht kalte Abstraktion, sondern Erleben, Erleiden und Opfertat für die Menschheit ist, war Nietzsches Wissen und Beispiel. Er ist dabei zu den Firnen grotesken Irrtums emporgetrieben worden, aber die Zukunft war in Wahrheit das Land seiner Liebe, und den Kommenden, wie uns, deren Jugend ihm Unendliches dankt, wird er als eine Gestalt von zarter und ehrwürdiger Tragik, umloht vom Wetterleuchten dieser Zeitenwende, vor Augen stehen.

Thomas Mann und Friedrich Nietzsche

Eine Auswahlbibliographie

1. Thomas Mann

«Vorspruch zu einer musikalischen Nietzsche-Feier» [1924], in: *Ariadne. Jahrbuch der Nietzsche-Gesellschaft*, München 1925.

«Nietzsches Philosophie im Lichte unserer Erfahrung» [1947], in: *Die neue Rundschau*. Stockholm, Heft 8, 1947. Erste Buchausgabe: Berlin: Suhrkamp Verlag vorm. S. Fischer 1948.

Doktor Faustus. Das Leben des deutschen Tonsetzers Adrian Leverkühn, erzählt von einem Freunde, Stockholm: Bermann-Fischer, 1947.

Die Entstehung des Doktor Faustus. Roman eines Romans, Amsterdam: Bermann-Fischer, 1949.

Selbstkommentare: «Doktor Faustus» und «Die Entstehung des Doktor Faustus», hrsg. von Hans Wysling unter Mitwirkung von Marianne Eich-Fischer, Frankfurt am Main: Fischer Taschenbuch Verlag 1992.

2. Sekundärliteratur

Gerhard Jacob, *Thomas Mann und Nietzsche. Zum Problem der Décadence*, Leipzig 1926.

Fritz Kaufmann, *Thomas Mann und Nietzsche,* Monatshefte für deutschen Unterricht, Vol. 36/1944, Nr. 7, S. 345–350.

Alfred von Martin, *Thomas Mann und Nietzsche. Zur Problematik des deutschen Menschen,* München: Kösel 1953 (Aus: Hochland, Jg. 46/1953–54, S. 135–152).

R. A. Nicholls, *Nietzsche in the early work of Thomas Mann,* Berkeley [u.a.]: University of California Press, 1955.

Inge und Walter Jens, «Betrachtungen eines Unpolitischen: Thomas Mann und Friedrich Nietzsche» in: *Das Altertum und jedes neue Gute.* Für Wolfgang Schadewaldt zum 15. März 1970, hrsg. v. Konrad Gaiser. Stuttgart, Berlin, Köln, Mainz 1970, S. 237–256.

Peter Pütz, «Thomas Mann und Nietzsche» in: ders. (Hrsg.), *Thomas Mann und die Tradition*, Frankfurt a.M. 1971; wiederabgedruckt in: *Nietzsche. Werk und Wirkungen*, hrsg. v. Hans Steffen, Göttingen: Vandehoeck & Ruprecht 1974, S. 91–114.

Peter Pütz, «Thomas Mann und Nietzsche» in: *Nietzsche und die deutsche Literatur*, hrsg. v. Bruno Hillebrand, München: dtv, Tübingen: Niemeyer 1978, Bd. 2, S. 121–155.

Renate Werner, «‹Cultur der Oberfläche›. Zur Rezeption der Artisten-Metaphysik im frühen Werk Heinrich und Thomas Manns» in: *Nietzsche und die deutsche Literatur*, hrsg. v. Bruno Hillebrand, München: dtv, Tübingen: Niemeyer 1978, Bd. 2, S. 82–121.

Peter Pütz, *Kunst und Künstlerexistenz bei Nietzsche und Thomas Mann. Zum Problem des ästhetischen Perspektivismus in der Moderne,* Bonn: Bouvier, 1987.

Theo Meyer, *Nietzsche und die Kunst*, Tübingen: UTB 1993, S. 338–364.

Børge Kristiansen, «Thomas Manns Nietzsche-Rezeption» in: *Thomas-Mann-Handbuch*, herausgeben von Helmut Koopmann, 2. Aufl., Stuttgart: Kröner 1995, S. 260–276.

Liisa Saariluoma, *Nietzsche als Roman: über die Sinnkonstituierung in Thomas Manns «Doktor Faustus»*, Tübingen: Niemeyer, 1996.

[Bert Bresgen], *Thomas Mann und Friedrich Nietzsche – ewig verbundene Geister*. [Broschüre zur] Sonderausstellung des S. Fischer Verlages Frankfurt im Nietzsche-Haus Sils-Maria, Frankfurt: S. Fischer 1997.

Ermke Joseph, «Nietzsche im Doktor Faustus» in: *«und was werden die Deutschen sagen??» Thomas Manns Roman Doktor Faustus*, herausgegeben von Hans Wisskirchen und Thomas Sprecher, Lübeck: Dräger 1997, S. 61–112.

Meindert Evers, «Das Problem der Dekadenz. Thomas Mann & Nietzsche» in: *Zur Wirkung Nietzsches*, hrsg. v. Hans Ester und Meindert Evers, Würzburg: Königshausen & Neumann 2001, S. 51–97.

Thomas Körber, «Thomas Manns lebenslange Nietzsche-Rezeption», in: *Wirkendes Wort*, 52. Jahrgang, April 2002, Heft 1, S. 417–440.

Herbert Lehnert, «Nietzsche und die Modernität des ‹Doktor Faustus›», in: *Doktor Faustus, Thomas Mann*, coordonné par Marie-Hélène Quéval; Eckhard Heftrich [et al.], Nantes: Editions du Temps, 2003, S. 15–34.

Hermann Kurzke, «Thomas Manns Rede zu Nietzsches 80. Geburtstag [1924] und ihre Vorgeschichte» in: *Bejahende Erkenntnis,* Festschrift für T.J. Reed, hrsg. von Kevin F. Hilliard [et al.], Tübingen: Niemeyer, 2004, S. 163–174.

Das Signet des 1488 gegründeten Druck- und Verlagshauses Schwabe reicht zurück in die Anfänge der Buchdruckerkunst und stammt aus dem Umkreis von Hans Holbein. Es ist die Druckermarke der Petri; sie illustriert die Bibelstelle Jeremia 23,29: «Ist nicht mein Wort wie Feuer, spricht der Herr, und wie ein Hammer, der Felsen zerschmettert?»

Historisches Wörterbuch der Philosophie

Schwabe

«Weil nun der Verlust eines Begriffs von grosser Anwendung in der speculativen Weltweisheit dem Philosophen niemals gleichgültig sein kann, so hoffe ich, es werde ihm die Bestimmung und sorgfältige Aufbewahrung des Ausdrucks, an dem der Begriff hängt, auch nicht gleichgültig sein.»

Immanuel Kant

Was ist das HWP?
Das HWP ist eines der bedeutendsten, aufwendigsten und auch erfolgreichsten wissenschaftlichen Buchprojekte unserer Zeit und das bisher umfassendste philosophische Begriffslexikon. Es ist ein weltweit verbreitetes geisteswissenschaftliches Standardwerk und wird diesen Status über viele Jahrzehnte hinweg behalten.

Was bieten die 12 Bände des HWP?
Das HWP stellt in ca. 6000 Artikeln und Artikelteilen die wichtigsten philosophischen Begriffe und viele Termini angrenzender Fachdisziplinen wie Theologie, Psychologie, Pädagogik, Soziologie, Politik, Jurisprudenz, Naturwissenschaften und Mathematik in ihrer Genese und ihrer geschichtlichen Entwicklung dar und zeigt den Wandel ihrer Bedeutung und Funktion im Laufe der Jahrhunderte bis heute auf. Die Entwicklungslinien und -stufen werden mit präzisen Stellenbelegen in ausführlichen Anmerkungsapparaten und Literaturlisten dokumentiert.

Wodurch zeichnet sich das HWP speziell aus?
Das neue Begriffslexikon stellt sich bewusst gegen die systematisch-dogmatischen Ansätze früherer und gegenwärtiger philosophischer Wörterbücher, indem es deren systematisch-definitorisches Verfahren durch die begriffsgeschichtliche Methode ersetzt. Das HWP vermag so in der Darstellung der Entwicklung der Begriffe die Strukturen der Geschichte von Philosophie und Wissenschaften aufzuzeigen.

Das HWP zeigt die Begriffe in der Vielfalt und im Wechsel ihrer Bedeutung
In der Darstellung der Verwendung der Begriffe in der Geschichte des Denkens von der Antike bis heute und im Rahmen der verschiedenen Disziplinen treten historisch und systematisch oft völlig verschiedene, ja sogar gänzlich entgegengesetzte Bedeutungen hervor.
Das HWP zeigt die Begriffe in der Vielfalt und im Wechsel ihrer Bedeutungen und dokumentiert die einschlägigen Stellen. Entwicklung, Wandel und Gründe des Wandels (z.B. im Zusammenhang mit dem Eintritt eines Begriffs in ein anderes System oder Fachgebiet oder in eine andere Sprache) sind damit genau nachvollziehbar. Die allmähliche Bedeutungsverengung (vgl. z.B. «Sinnlichkeit») oder sogar radikale Umbewertung (vgl. «Subjekt» bzw. «Objekt», «Utopie») eines Begriffs wird im HWP klar sichtbar.

Der Registerband

Zurzeit ist ein umfangreicher Registerband zum HWP (ca. 700 Druckseiten) in Arbeit. Er soll ca. Mitte 2007 erscheinen. Den Hauptteil des Bandes wird ein Gesamtregister mit ca. 100 000 Termini ausmachen. Der Band wird zudem einen Überblick über Sachgruppen/Disziplinen und ein Verfasserregister enthalten.

Das HWP widmet 3670 Hauptbegriffen/Stichwörtern einen eigenen Artikel. In diesen Artikeln sind Zehntausende weiterer Begriffe mitbehandelt, die der Registerband dem Benutzer erschliessen wird. Durch die aufgelisteten Verweise werden die Benutzer des Registers auf die entsprechenden Artikel gewiesen; sie finden die begrifflich zusammenhängenden Artikel als Nachbarartikel aufgeführt und werden auf alle Stellen des HWP verwiesen, an denen die gesuchten Termini im Zusammenhang anderer Stichwörter behandelt und belegt sind. Derjenige, der nur den Beleg für einen selteneren Terminus sucht, wird sofort fündig. Aber auch der thematisch breiter Interessierte findet im Register das Begriffsfeld der Nachbarartikel aufgeschlüsselt. Für eine noch weitere Orientierung über die vorhandenen Artikel des HWP sorgt eine Sachgruppenaufteilung, aus der die Benutzer alle Artikelstichwörter aus einem Gebiet, z.B. der Ästhetik oder auch der Jüdischen Philosophie, ersehen können.
Das Register wird jedem Benutzer des HWP helfen, das zu finden, was er sucht, ihm aber auch die Freude bereiten, Neuentdeckungen zu machen. Erst durch das Register wird der gesamte Reichtum des HWP gezielt zu nutzen sein.

Pressestimmen

Man kann für dieses grandiose Unternehmen nur neidvoll gratulieren.
Wiener Jahrbuch für Philosophie

Ein Wörterbuch, das zum Schmökern einlädt, bereichert und schwer loslässt.
Kalksburger Korrespondenz

It will soon prove its indispensability notably for individual workers in many fields of history and science.
History of Science, London

The HWP will be of great assistance in research and post-graduate work.
Australasia Journal of Philosophy, Sidney

Man soll den Tag nicht vor dem Abend, darf aber ein bedeutendes Sammelwerk vor dem Erscheinen des Registerbandes loben.

Da lautet ebenjenes letzte Lemma «Zynismus» – ein ungewollter Kommentar zur Geistesgeschichte seit 1971? – und die Bearbeitung dieses Artikels hat man nicht ohne Ironie dem langjährigen Lektor des Wörterbuches beim Schwabe Verlag, Walter J. Tinner, überlassen. Er verrät in seinem Beitrag über Zynismus nicht, ob er bei der Fertigstellung zum Zyniker geworden ist – immerhin stand auf dem Titelblatt des ersten Bandes vor 34 Jahren: «Unter Mitwirkung von mehr als 700 Fachgelehrten», im zwölften Band sind es dann «mehr als 1500 Fachgelehrte» geworden, und wie soll man im Umgang mit 1500 Philosophen der verschiedenen Schulen nicht zum Zyniker werden?

Hart und unelastisch hat dieses Wörterbuch die Philosophiegeschichte in der Tat nicht gemacht. Im Gegenteil, historische Elastizität der Begriffe ist das, was man hier lernt.

Und nicht zuletzt als Lieferanten glänzender Zitate kann man dieses Wörterbuch auch ganz hervorragend verwenden.
Süddeutsche Zeitung

Das HWP entstand unter Mitwirkung von mehr als 1500 Fachgelehrten

in Verbindung mit
Günther Bien, Tilman Borsche, Ulrich Dierse, Wilhelm Goerdt, Oskar Graefe†, Wolfgang Hübener, Anton Hügli, Helmut Hühn, Friedrich Kambartel, Friedrich Kaulbach†, Theo Kobusch, Ralf Konersmann, Margarita Kranz, Hermann Lübbe, Odo Marquard, Reinhart Maurer, Stephan Meier-Oeser, Friedrich Niewöhner, Ludger Oeing-Hanhoff†, Willi Oelmüller†, Thomas Rentsch, Kurt Röttgers, Eckart Scheerer†, Heinrich Schepers, Gunter Scholtz, Winfried Schröder, Martin Seils, Robert Spaemann

herausgegeben von
Joachim Ritter†, Karlfried Gründer und Gottfried Gabriel

Redaktionsbüro Berlin:
Margarita Kranz und Helmut Hühn
Redaktion im Verlag/Lektorat:
Walter J. Tinner

Unter Verantwortung der Akademie der Wissenschaften und Literatur Mainz, gefördert mit Mitteln des Bundesministeriums für Bildung und Forschung, Bonn, und des Senators für Wissenschaft, Forschung und Kultur des Landes Berlin.
12 Textbände zu je 1000–1800 Spalten und 1 Registerband.
Ganzleinenbände mit Schutzumschlag.
Lexikonformat 19,7 × 27,1 cm.
Das Wörterbuch wird nur komplett abgegeben.

Gesamtpreis für die Bände 1–12:
Fr. 3000.– / € 2100.–
ISBN 3-7965-0115-X
(für das Gesamtwerk)

Registerband
ISBN 3-7965-2050-2
In Vorbereitung, erscheint ca. Mitte 2007

Pressestimmen

... eines der nützlichsten geisteswissenschaftlichen Standardwerke, ohne das ein ideengeschichtlich interessierter Mensch anständig nicht leben kann.
Neue Zürcher Zeitung

Dieses Werk stellt für den historisch-methodischen Bereich die bislang weitgehend einzige Nachschlagebasis dar. Das Historische Wörterbuch der Philosophie ist im deutschsprachigen Raum der umfassendste Versuch, Wissenschaft begrifflich zu rationalisieren.
Zeitschrift für Geschichtswissenschaft

Es ist nicht notwendig, den Wert und den Nutzen dieses Wörterbuchs weiter zu betonen, das von Fachleuten sehr geschätzt wird wegen des hohen wissenschaftlichen Niveaus.
Actualidad bibliográfica de filosofía y teología, Barcelona

Quest'opera si presenta come una impresa di larghissima apertura, di assoluta obiettività di giudizio, di straordinaria importanza, destinata a rendere utilissimi servizi agli studiosi di filosofia.
L'Idea Liberale, Roma

Bleibt als Fazit der unschätzbare Nutzen der in diesem Riesenwerk akkumulierten Forscher- und Sammlerarbeit. So ist zum Schluss auch der Preis dieser Bände, da viele andere Bücher sie nicht aufwiegen, nur scheinbar hoch.
Stimmen der Zeit, Freiburg i.Br.

Leserstimme

Das Lexikon ist mehr als ein epochales Meisterwerk. Es ist, seit über Denken berichtet wird, das erste Werk überhaupt, das über alle vorangegangenen und alle aktuellen Denkleistungen mit einer Exaktheit referiert, wie sie für Philosophen und Nichtphilosophen als Basis für alle weiteren Betrachtungen ebenso notwendig wie unschätzbar ist.
D. Straub, Basel

- 1: Abbildtheorie – Corpus mysticum
  497 Artikel, 1036 Textspalten
- 2: Da – Futurologie
  446 Artikel, 1152 Textspalten
- 3: Galimathias – Hysteron/Proteron
  353 Artikel, 1272 Textspalten
- 4: Ich – Kynismus
  388 Artikel, 1470 Textspalten
- 5: Lächerlich – Mnemotechnik
  269 Artikel, 1448 Textspalten
- 6: Mobilität – Osten
  264 Artikel, 1396 Textspalten
- 7: Pädagogik – Quoad se/quoad nos
  305 Artikel, 1842 Textspalten
- 8: Rache – Scientific community
  233 Artikel, 1520 Textspalten
- 9: Seele – Spur
  203 Artikel, 1558 Textspalten
- 10: Staat – Tyrannis
  248 Artikel, 1618 Textspalten
- 11: Übel – Vulkanismus
  247 Artikel, 1276 Textspalten
- 12: Wachen – Zynismus
  217 Artikel, 1556 Textspalten

Bände 1–12: A–Z 3670 Artikel, 17144 Textspalten

·1968) 85-128; Sur la dial. matérialiste (1963), a.O. 161-224, 206ff.; dtsch.: W. und Überdeterminierung, in: Für Marx (1968) 52-99; Über die mat. Dialektik, a.O. 100-167, 146ff. – [110] MAO-TSE-TUNG: Über Praxis und W. (1968) 26. – [111] a.O. 51ff. – [112] Vgl. Art. ‹Negation; Negativität II.›. Hist. Wb. Philos. 6 (1984) 675-686. – [113] TH. W. ADORNO: Negat. Dialektik (1966). Ges. Schr. 6 (1973) 148. – [114] a.O. 149. – [115] 27ff. 162f. – [116] M. THEUNISSEN: Negativität bei Adorno, in: L. VON FRIEDEBURG/J. HABERMAS (Hg.): Adorno-Konferenz 1983 (1983) 41-65. – [117] TH. W. ADORNO: Metaphysik. Begriff und Probleme (1998) 188ff. 224ff. – [118] a.O. [113] 17. – [119] G. DELEUZE: Différence et répétition (Paris 1968) 1f.; dtsch.: Differenz und Wiederholung (1992) 12; vgl. Art. ‹Wiederholung›. – [120] a.O. 263ff./dtsch. 258ff. – [121] M. HEIDEGGER: Die onto-theo-logische Verfassung der Met. (1956/57), in: Identität und Differenz (1957) 35-73, 40ff.; Nietzsche 2 (1961). Ges.ausg. I/6.2 (1997) 184ff. – [122] J.-F. LYOTARD: Le différend (Paris 1983) 9f.; dtsch.: Der Widerstreit (1987) 9f.

Literaturhinweise. J. ŁUKASIEWICZ s. Anm. [28]. – A. KULENKAMPFF: Antinomie und Dialektik. Zur Funktion des W. in der Philos. (1970). – P. GUYER: Hegel, Leibniz und der W. im Endlichen, in: R.-P. HORSTMANN (Hg.): Seminar: Dialektik in der Philos. Hegels (1978) 230-260. – M. WOLFF s. Anm. [68]. – TH. KESSELRING: Entwicklung und W. Ein Vergleich zwischen Piagets genetischer Erkenntnistheorie und Hegels Dialektik (1981). – E. BERTI (Hg.): Il problema della contraddizione (Rom 1981). – W. GOETSCHEL: Zur Gesch. des W. in der Neuzeit, in: W. GOETSCHEL u.a. (Hg.): Wege des W. Festschr. H. L. Goldschmidt (Bern 1984) 9-40. – G. BARTSCH (Hg.): Der dialekt. W. (1986). – J. P. ANTON: Aristotle's theory of contrariety (Lanham/New York/London 1987). – S.-J. KANG: Reflexion und W. Eine entwicklungsgeschichtl. und systemat. Unters. des Hegelschen Begriffs des W. (1999). – G. GOGOS: Aspekte einer Logik des W. Studien zur griech. Sophistik und ihrer Aktualität (2001).

E. ANGEHRN

Widerspruch, performativer; Widerspruch, pragmatischer (engl. performative contradiction; pragmatic contradiction). In der 2. Hälfte des 20. Jh. kommt die Rede von einem «performativen» (s.d.) oder «pragmatischen Widerspruch» (auch «Selbstwiderspruch») im Unterschied zum logischen Widerspruch (Behauptung einer Aussage und ihrer Negation) auf. Dieser Begriff ist im deutschen Sprachraum durch die Transzendentalpragmatik (s.d.) K.-O. APELS geläufig geworden. Zur Rechtfertigung eines Programms der Letztbegründung (s.d.) wird geltend gemacht, daß Rede, wenn sie überhaupt sinnhaft sein soll, immer schon auf transzendentalpragmatischen Voraussetzungen der Argumentation basiert [1]. Solche Voraussetzungen argumentativ zu bestreiten, laufe auf einen p.W. hinaus [2]. Apel greift auf J. HINTIKKAS logische Rekonstruktion des cartesischen Cogito-Argumentes zurück. 'Ich existiere nicht' nennt Hintikka eine «existential inconsistency». «The inconsistency (absurdity) of an existentially inconsistent statement can in a sense be said to be of performatory (performative) character» [3].

Schon in den 1950er Jahren wird der Ausdruck «pragmatic contradiction» von C. I. LEWIS für die Kennzeichnung eines Satzes verwendet, dessen Äußerung dem, was sie 'pragmatisch' impliziert, widerspricht: «But the content of the assertion made ... is one in which the assertor's assertions are not to be believed on the evidence of his making them. The act is self-frustrating of its own ostensive purpose. That I shall call a pragmatic contradiction» [4]. Für Lewis spielt die Konsistenz auch für die Ethik eine fundamentale Rolle. Praktische und logische Konsistenz sind «nearly related»; «practical consistency cannot be reduced to or defined in terms of merely logical consistency. But logical consistency can be considered as simply one species of practical consistency» [5]. Über das Problem der 'Selbstwidersprüche' [6] und Selbstwiderlegungen [7] hinaus wurde schon im Mittelalter der p.W. mit der Unterscheidung von ‹actus exercitus›/‹actus signatus› gefaßt [8]. Im Anschluß an «Moore's paradox» (das ist eine Aussage der Form '*p*, aber ich glaube nicht, daß *p*') wurden in neuerer Zeit pragmatische Widersprüche – unabhängig von Lewis – bei den Logikern diskutiert und auch mit der Theorie der «kontextuellen Implikation» zu explizieren versucht [9].

Anmerkungen. [1] K.-O. APEL: Das Problem der philos. Letztbegründung im Lichte einer transz. Sprachpragmatik (1976); ND, in: Auseinandersetzungen in der Erprobung des transz.pragmat. Ansatzes (1998) 35-79, 69ff.; vgl. Art. ‹Präsupposition II.›. Hist. Wb. Philos. 7 (1989) 1270-1273. – [2] Fallibilismus, Konsenstheorie der Wahrheit und Letztbegründung (1987); ND, a.O. 81-193, 159f. – [3] J. HINTIKKA: Cogito, ergo sum. Philos. Review 71 (1962) 3-32, 10; vgl. die spätere Präzisierung: Cogito, ergo quis est? Rev. int. Philos. 50 (1996) 5-21. – [4] C. I. LEWIS: The categorical imperative (1958), in: Values and imperatives. Studies in ethics, hg. J. LANGE (Stanford, Calif. 1969) 178-201, 197f.; vgl. dazu: E. DAYTON: Pragmatic contradiction. Ethics 87 (1976/77) 222-236; dagegen: J. E. FOSS: C. I. Lewis and Dayton on pragmatic contradiction. Transact. Ch. S. Peirce Soc. 17 (1981) 153-157; M. BITTNER WISEMAN: Practical principles. Ethics 90 (1979/80) 115-121. – [5] Pragmatism and the roots of the moral (1956), a.O. 103-125, 122. – [6] Vgl. dazu: Art. ‹Selbstreferenz I.›. Hist. Wb. Philos. 9 (1995) 515-518; Art. ‹Antinomie II.›, a.O. 1 (1971) 396-405; für die mittelalterliche Logik vgl. Art. ‹Insolubilia›, a.O. 4 (1976) 396-400. – [7] Vgl. Art. ‹Widerlegung 3.›. – [8] G. NUCHELMANS: The distinction actus exercitus/actus signatus in medieval semantics, in: N. KRETZMANN (Hg.): Meaning and inference in medieval philosophy (Dordrecht 1988) 57-90, bes. 74-84. – [9] G. E. MOORE: Ethics (London 1912) 125; (London/New York 1947) 78; A reply to my critics, in: P. A. SCHILPP (Hg.): The philos. of G. E. Moore (Chicago/Evanston, Ill. 1942) 535-687, hier: 541-543; vgl. Art. ‹Implikation 8.›. Hist. Wb. Philos. 4 (1976) 265; D. GOLDSTICK: On Moore's paradox. Mind 76 (1967) 275-277; andere Beispiele bei D. J. O'CONNOR: Pragmatic paradoxes. Mind 57 (1948) 358f.; ausführl. Bibliogr. bei: G. PARETI: I paradossi pragmatici: bibliografia. Rivista Filos. 69 (1978) 170-174; G. GAZDAR: Pragmatics. Implicature, presupposition, and logical form (New York/London 1979).

M. KRANZ

Widerspruchsfreiheit. ‹W.›, auch ‹Konsistenz› (engl. ‹consistency›), ist die Bezeichnung für eine Eigenschaft von Satz- bzw. Formelmengen, also z.B. formalisierten Theorien oder formalen Systemen. Trifft diese Eigenschaft zu, so genügen die Systeme dem 'Satz vom (ausgeschlossenen) Widerspruch' (s.d.), der eine notwendige Voraussetzung dafür angibt, daß mit einer Äußerung überhaupt ein Geltungsanspruch verbunden werden kann, die Äußerung also eine Aussage ist. Zum philosophischen bzw. logischen Problem wurde die W. durch die in der mathematischen Grundlagenforschung des beginnenden 20. Jh. vertretene Forderung, die W. formalisierter mathematischer Theorien zu beweisen (W.-Beweis).

Es wird im Anschluß an H. HERMES und H. SCHOLZ zwischen semantischer und syntaktischer W. unterschieden [1]. Eine Formelmenge Γ heißt *semantisch* widerspruchsfrei, wenn sie ein Modell hat [2], wenn es also eine Interpretation gibt, unter der alle Formeln von Γ gelten. Γ heißt *syntaktisch* widerspruchsfrei, wenn in bezug auf eine vorausgesetzte Ableitbarkeitsbeziehung und damit auf ein formales System S kein Widerspruch ableitbar ist, wenn also für keine Formel A gilt: $\Gamma \vdash_S A \wedge \neg A$. In Satzsystemen, in denen das ex falso quodlibet (aus Falschem folgt Beliebiges) gilt, ist diese Definition äquivalent mit

Beiträge zu Friedrich Nietzsche

Quellen, Studien und Texte zu Leben, Werk und Wirkung Friedrich Nietzsches herausgegeben von David Marc Hoffmann

BFN 1: Albert Vinzens
Friedrich Nietzsches Instinktverwandlung
Fr. 58.– / € 40.50
ISBN 3-7965-1097-3

Die Instinkttheorie Nietzsches eröffnet somit einen Zugang zur Philosophie.
Wissenschaftlicher Literaturanzeiger WLA

BFN 2: Andreas Urs Sommer
Friedrich Nietzsches «Der Antichrist» Ein philosophisch-historischer Kommentar
Fr. 128.– / € 89.50
ISBN 3-7965-1098-1

Das Buch vereinigt Genauigkeit, Gelehrtheit und Witz. Das ist selten, das gibt es fast überhaupt nicht, kurz: Das Buch ist aussergewöhnlich gut.
Frankfurter Allgemeine Zeitung

BFN 3: Andrea Bollinger / Franziska Trenkle
Nietzsche in Basel
Mit einem Geleitwort von Curt Paul Janz.
Fr. 20.– / € 14.–
ISBN 3-7965-1099-X

Der Band setzt durch seine Anschaulichkeit «einen bedeutenden und notwendigen Kontrapunkt zur fast täglich wachsenden Flut von philosophischen Interpretationen».
Theologische Literaturzeitung

BFN 4: William H. Schaberg
Nietzsches Werke. Eine Publikationsgeschichte und kommentierte Bibliographie
Aus dem Amerikanischen von Michael Leuenberger
Fr. 88.– / € 61.50
ISBN 3-7965-1100-7

Dem Autor gelingt es, das sehr trocken anmutende Thema interessant und lesenswert vorzustellen – und das ohne Verzicht auf wissenschaftliche Genauigkeit.
Der Blaue Reiter

BFN 5: Eduard His:
Friedrich Nietzsches Heimatlosigkeit
Hans Gutzwiller: **Friedrich Nietzsches Lehrtätigkeit am Basler Pädagogium 1869–1876** (Reprint 1941 und 1951)
Fr. 35.– / € 24.50
ISBN 3-7965-1587-8

Dieser Reprint 1941 und 1951 macht zwei grundlegende und bisher schwer greifbare Studien zugänglich.
Bibliographie de la Philosophie

BFN 6: **Nietzsches «Also sprach Zarathustra»**
Herausgegeben von Peter Villwock.
Vorwort von Karl Pestalozzi.
Fr. 48.– / € 33.50
ISBN 3-7965-1745-5

Die Beiträge bieten ... einen repräsentativen Querschnitt gegenwärtiger Zugangsweisen.
Rezensionszeitschrift «Listen»

BFN 7: Hauke Reich:
Nietzsche-Zeitgenossenlexikon Verwandte und Vorfahren, Freunde und Feinde, Verehrer und Kritiker von Friedrich Nietzsche
Fr. 68.– / € 47.50
ISBN 3-7965-1920-2

Biographical research on Nietzsche cannot do without this important tool.
International Review of Biblical Studies

BFN 8: Daniel Mourkojannis, Rüdiger Schmidt-Grépály (Hrsg.)
Nietzsche im Christentum. Theologische Perspektiven nach Nietzsches Proklamation des Todes Gottes
Fr. 56.– / € 39.–
ISBN 3-7965-1922-9

Der Band dokumentiert eine Auseinandersetzung des Nietzsche Kollegs mit Fragen der Bedeutung von Nietzsche für die grossen evangelischen und katholischen Entwürfe des 20. Jahrhunderts.
Artheon – Gegenwartskunst und Kirche

BFN 9: Thomas Mann
Nietzsches Philosophie im Lichte unserer Erfahrung
Vortrag am XIV. Kongress des PEN-Clubs in Zürich 1947. Gedruckter Text und vollständige Tonaufnahme auf CD.
Ca. Fr. 35.– / € 24.50
ISBN 3-7965-2180-0 In Vorbereitung

Bestellformular

Bitte senden Sie Ihre Bestellung an Ihre Buchhandlung

oder an den Verlag

Schwabe AG
Verlagsauslieferung
Farnsburgerstrasse 8
CH-4132 Muttenz

Ihre Bestellung wird umgehend bearbeitet; in der Schweiz erfolgt die Auslieferung durch Ihre Buchhandlung oder durch Schwabe AG, ausserhalb der Schweiz durch SVK Stuttgart.

Titel lieferbar? Vergriffen? In Vorbereitung? Lieferfrist? Zahlungsart?

Es kann immer wieder vorkommen, dass Buchrecherchen nicht im *Verzeichnis lieferbarer Bücher (VLB)* erfolgen und Sie deshalb ungenügende oder falsche Informationen erhalten.

Unter www.schwabe.ch finden Sie ausführliche Informationen zu unseren lieferbaren Titeln.

Kontaktieren Sie bei Fragen auch unsere Buchhändlerinnen – sie helfen gerne weiter:

Telefon 0041 61 467 85 75
Fax 0041 61 467 85 76
auslieferung@schwabe.ch

Bestellformular

Ex.	ISBN 3-7965-		Fr.	€

Historisches Wörterbuch der Philosophie (HWP)

Ex.	ISBN 3-7965-	Titel	Fr.	€
____	0155-X	HWP Gesamtwerk (Bd. 1–12, exkl. Registerband)	3000.–	2100.–
____	0703-4	HWP Band 12	368.–	257.50
____	_____	HWP Band ______________	_____	_____

Grundriss der Geschichte der Philosopie

Die Philosophie der Antike

Ex.	ISBN 3-7965-	Titel	Fr.	€
____	1036-1	Band 2/1: **Sophistik, Sokrates, Sokratik, Mathematik, Medizin**	130.–	91.–
____	1998-9	Band 3: **Ältere Akademie, Aristoteles, Peripatos** 2., durchgesehene und erweiterte Auflage 2004	160.–	112.–
____	0930-4	Band 4: **Die hellenistische Philosophie** 2 Halbbände	290.–	203.–

Die Philosophie des 17. Jahrhunderts

Ex.	ISBN 3-7965-	Titel	Fr.	€
____	1034-5	Band 1: **Allgemeine Themen. Iberische Halbinsel. Italien** 2 Halbbände	220.–	154.–
____	0934-7	Band 2: **Frankreich und Niederlande** 2 Halbbände	230.–	161.–
____	0872-3	Band 3: **England** 2 Halbbände	160.–	112.–
____	1035-3	Band 4: **Das Heilige Römische Reich Deutscher Nation, Nord- und Ostmitteleuropa** 2 Halbbände	290.–	203.–

Die Philosophie des 18. Jahrhunderts

Ex.	ISBN 3-7965-	Titel	Fr.	€
____	1987-3	Band 1: **Grossbritannien und Nordamerika, Niederlande** 2 Halbbände	250.–	175.–

Besteller/Bestellerin

Name ______________________ Vorname ______________________

Adresse ____

PLZ/Ort ______________________ Land ______________________

Datum ______________________ Unterschrift ______________________

Bestellformular bitte weiterleiten an Ihre Buchhandlung oder an:

Schwabe AG
Verlagsauslieferung
Farnsburgerstrasse 8, CH-4132 Muttenz
Fax: 0041 61 467 85 76

Bücher werden in CH durch Schwabe und ausserhalb CH durch SVK Stuttgart ausgeliefert.

Bestellformular

Ex.	ISBN 3-7965-			Fr.	€
Schwabe Philosophica (I–VIII)					
____	1560-6	I	Feingold/Freedman/Rother: The Influence of P. Ramus	45.–	31.50
____	1724-2	II	Bondeli: Kantianismus und Fichteanismus in Bern	68.–	47.50
____	1731-5	III	Kulenkampff: Esse est percipi	48.–	33.50
____	1946-6	IV	Cheneval: Philosophie in weltbürgerlicher Bedeutung	98.–	68.50
____	2012-X	V	Bondeli/Lazzari: Philosophie ohne Beynamen	83.–	57.50
____	2106-1	VI	Rother: La maggiore felicità possibile	72.–	50.50
____	2183-5	VII	Rissi: Descartes	58.–	40.50
____	2169-X	VIII	Radrizzani: Fichte lecteur de Machiavel	ca. 42.–	29.50
Beiträge zu Friedrich Nietzsche (BFN 1–8)					
____	1097-3		1: Vinzens: Instinktverwandlung	58.–	40.50
____	1098-1		2: Sommer: «Der Antichrist»	128.–	89.50
____	1099-X		3: Bollinger/Trenkle: Nietzsche in Basel	20.–	14.–
____	1100-7		4: Schaberg: Nietzsches Werke	88.–	61.50
____	1874-5		4: Schaberg: Nietzsches Werke (broschiert)	56.–	39.–
____	1587-8		5: His/Gutzwiller: Heimatlosigkeit/Lehrtätigkeit	35.–	24.50
____	1745-5		6: Villwock: «Also sprach Zarathustra»	48.–	33.50
____	1920-2		7: Reich: Nietzsche-Zeitgenossenlexikon	68.–	47.50
____	1921-0		7: Reich: Nietzsche-Zeitgenossenlexikon (broschiert)	48.–	33.50
____	1922-9		8: Nietzsche im Christentum	56.–	39.–
____	2180-9		9: Thomas Mann: Nietzsches Philosophie	ca. 35.–	24.50
Einzeltitel					
____	1012-4		Trappe: Liebe und Tod	42.–	29.50
____	2078-2		Einsamkeit – Kommunikation – Öffentlichkeit	69.–	48.50
____	2093-6		Studia Philosophica: Menschenwürde	68.–	47.50
____	2104-5		Klaas Meilier: Hochsaison in Sils-Maria	52.–	36.50

Besteller/Bestellerin

Name ____________________ Vorname ____________________

Adresse ____

PLZ/Ort ____________________ Land ____________________

Datum ____________________ Unterschrift ____________________

Bestellformular bitte weiterleiten an Ihre Buchhandlung oder an:

Schwabe AG
Verlagsauslieferung
Farnsburgerstrasse 8, CH-4132 Muttenz
Fax: 0041 61 467 85 76

Bücher werden in CH durch Schwabe und ausserhalb CH durch SVK Stuttgart ausgeliefert.

Büchermacher seit mehr als 500 Jahren

Schwabe Verlag Basel
Das wissenschaftliche Verlagsprogramm

Schwabe publiziert Bücher in den Bereichen Kunst, Kunstgeschichte, Philosophie, Philosophiegeschichte, Geschichte, Medizin, Medizingeschichte und Psychologie, Altertumswissenschaften sowie Literatur- und Sprachwissenschaft.

Schwabe arbeitet eng mit national und international tätigen Forschungsstellen und Universitäten zusammen. Schwerpunkte sind die wissenschaftlichen Reihen und Fortsetzungswerke.

Das Signet des 1488 gegründeten Druck- und Verlagshauses Schwabe reicht zurück in die Anfänge der Buchdruckerkunst und stammt aus dem Umkreis von Hans Holbein. Es ist die Druckermarke der Petri; sie illustriert die Bibelstelle Jeremia 23,29:
«Ist nicht mein Wort wie Feuer, spricht der Herr, und wie ein Hammer, der Felsen zerschmettert?»

Schwabe Philosophica

Herausgegeben von Helmut Holzhey und Wolfgang Rother

Als Forum für philosophiegeschichtliche Arbeiten bilden die Schwabe Philosophica eine flankierende Reihe zum neuen *Grundriss der Geschichte der Philosophie*. Die einzelnen Bände sind am Qualitätsstandard des *Grundrisses* orientiert; sie zeichnen sich durch ein hohes wissenschaftliches Niveau, gründliche historische Information und Dokumentation sowie eine klare, ausgewogene und ansprechende Darstellung aus. In methodischer Hinsicht kommen verschiedene Ansätze eigenständig zur Geltung. Die Reihe umfasst sowohl Monographien als auch Sammelwerke.

Durch die Bündelung von philosophiegeschichtlichen Arbeiten in einer Reihe, die im gleichen Verlag wie der *Grundriss* erscheint und sich an dessen konzeptionelle Vorgaben anlehnt, soll die Position der durch den *Grundriss* repräsentierten methodischen Ausrichtung innerhalb der philosophischen Forschung und Lehre gestärkt werden.

Vol. I: **The Influence of Petrus Ramus**
Edited by Mordechai Feingold, Joseph S. Freedman and Wolfgang Rother.
Contributions by Elizabethanne Boran (Dublin), Thomas Elsmann (Bremen), Mordechai Feingold (Cambridge, Mass.), Joseph S. Freedman (Montgomery), Nicholas Jardine (Cambridge), Ian Maclean (Oxford), Kees Meerhoff (Amsterdam), Guido Oldrini (Bologna), Riccardo Pozzo (Washington), Wolfgang Rother (Basle), Alain Segonds (Paris), Erland Sellberg (Stockholm), Theo Verbeek (Utrecht).
2001. 285 Seiten. Gebunden.
Fr. 45.– / € 31.50 ISBN 3-7965-1560-6

Vol. II: Martin Bondeli
Kantianismus und Fichteanismus in Bern.
Zur philosophischen Geistesgeschichte der Helvetik sowie zur Entstehung des nachkantischen Idealismus
2001. 419 Seiten. Gebunden.
Fr. 68.– / € 47.50 ISBN 3-7965-1724-2

Vol. III: Arend Kulenkampff
Esse est percipi.
Untersuchungen zur Philosophie George Berkeleys
2001. 147 Seiten. Gebunden.
Fr. 48.– / € 33.50 ISBN 3-7965-1731-5

Vol. IV: Francis Cheneval
Philosophie in weltbürgerlicher Bedeutung.
Über die Entstehung und die philosophischen Grundlagen des supranationalen und kosmopolitischen Denkens der Moderne
2002. 687 Seiten. Gebunden.
Fr. 98.– / € 68.50 ISBN 3-7965-1946-6

Vol. V: **Philosophie ohne Beynamen. System, Freiheit und Geschichte im Denken Karl Leonhard Reinholds**
Herausgegeben von Martin Bondeli und Alessandro Lazzari.
Mit Beiträgen von Alessandro Lazzari, Faustino Fabbianelli, Vesa Oittinen, Petra Lohmann, Manfred Baum, Martin Bondeli, Sabine Röhr, Yun Ku Kim, Rolf Ahlers, Pierluigi Valenza, Jean-François Goubet, Claude Piché, Jürgen Stolzenberg, Alexander von Schönborn, Karl Ameriks, Marion Heinz, Günter Zöller, George di Giovanni, Klaus Vieweg.
2004. 431 Seiten. Gebunden.
Fr. 82.– / € 57.50 ISBN 3-7965-2012-X

Vol. VI: Wolfgang Rother
La maggiore felicità possibile.
Untersuchungen zur Philosophie der Aufklärung in Nord- und Mittelitalien
2005. 445 Seiten. Gebunden.
Fr. 72.– / € 50.50 ISBN 3-7965-2106-1

Vol. VII: Stefan Rissi
Descartes und das Problem der Philosophie
2005. 296 Seiten. Gebunden.
Fr. 58.– / € 40.50 ISBN 3-7965-2183-5

Vol. VIII:
Fichte lecteur de Machiavel.
Un nouveau Prince contre l'occupation napoléonienne.
Édité par Ives Radrizzani.
2005. 164 pages. Relié.
Ca. Fr. 42.– / € 29.50 ISBN 3-7965-2169-X

Grundriss der Geschichte der Philosophie

Das Gesamtwerk

Der neue Grundriss knüpft an die Tradition des von Friedrich Ueberweg (1826–1871) durchgeführten Projektes einer breit angelegten und unparteiischen Darstellung der Geschichte der Philosophie an. Die Zielsetzungen der Neubearbeitung sind Ausgewogenheit in der Präsentation, hohes wissenschaftliches Niveau und gründliche, den neuesten Forschungsstand berücksichtigende Information über die behandelten Philosophen, Schulen, Richtungen und Kontroversen. Als bibliographisches Referenzwerk und mit seinen Beiträgen zur Gelehrtenbiographie, mit seinen Inhaltsangaben auch entlegener Schriften und seinen historisch-systematischen Darstellungen philosophischer Lehren und deren Rezeption ist der neue Grundriss das philosophiehistorische Standardwerk in deutscher Sprache. Obwohl das Unternehmen in der Tradition der deutschsprachigen Philosophiegeschichtsschreibung steht, wird es von einer Gruppe international renommierter Fachgelehrter getragen. Dem Gesamtherausgeber, Helmut Holzhey (Zürich), und dem Verlag steht ein Kuratorium der Schweizerischen Akademie der Geistes- und Sozialwissenschaften zur Seite.

Gesamtplan des Werkes siehe www.schwabe.ch

Grundriss der Geschichte der Philosophie

Begründet von Friedrich Ueberweg.
Völlig neubearbeitete Ausgabe.
Herausgegeben von Helmut Holzhey

Bisher erschienene Bände

Die Philosophie der Antike

Band 2/1: **Sophistik, Sokrates, Sokratik, Mathematik, Medizin**
Herausgegeben von Hellmut Flashar.
1998. XIV, 540 Seiten. Leinen.
Fr. 130.– / € 91.– ISBN 3-7965-1036-1

Band 3: **Ältere Akademie, Aristoteles, Peripatos**
Herausgegeben von Hellmut Flashar.
2., durchgesehene und erweiterte Auflage.
2004. XIII, 747 Seiten. Leinen.
Fr. 160.– / € 112.– ISBN 3-7965-1998-9

Band 4: **Die hellenistische Philosophie**
Herausgegeben von Hellmut Flashar.
1994. 2 Halbbände. XXVI, 1272 Seiten. Leinen.
Fr. 290.– / € 203.– ISBN 3-7965-0930-4

In Vorbereitung:
Band 1: Frühgriechische Philosophie
Band 5: Die Philosophie der Kaiserzeit und der Spätantike

Die Philosophie des 17. Jahrhunderts

Band 1: **Allgemeine Themen. Iberische Halbinsel. Italien**
Herausgegeben von Jean-Pierre Schobinger.
1998. 2 Halbbände. LXIII, 1142 Seiten. Leinen.
Fr. 220.– / € 154.– ISBN 3-7965-1034-5

Band 2: **Frankreich und Niederlande**
Herausgegeben von Jean-Pierre Schobinger.
1993. 2 Halbbände. XXXIII, 1144 Seiten. Leinen.
Fr. 230.– / € 161.– ISBN 3-7965-0934-7

Band 3: **England**
Herausgegeben von Jean-Pierre Schobinger.
1988. 2 Halbbände. XXXIV, 874 Seiten. Leinen.
Fr. 160.– / € 112.– ISBN 3-7965-0872-3

Band 4: **Das Heilige Römische Reich Deutscher Nation, Nord und Ostmitteleuropa**
Herausgegeben von Helmut Holzhey und Wilhelm Schmidt-Biggemann unter Mitarbeit von Vilem Mudroch.
2001. 2 Halbbände. XXIV, 1507 Seiten. Leinen.
Fr. 290.– / € 203.– ISBN 3-7965-1035-3

Die Philosophie des 18. Jahrhunderts

Band 1: **Grossbritannien, Nordamerika, Niederlande**
Herausgegeben von Helmut Holzhey und Vilem Mudroch unter Mitarbeit von Daniel Brühlmeier, Francis Cheneval und Simone Zurbuchen.
2004. 2 Halbbände. XXIII, 1328 Seiten. Leinen.
Fr. 250.– / € 175.– ISBN 3-7965-1987-3

In Vorbereitung:
Band 2: **Frankreich**

Band 3: **Italien, Iberische Halbinsel, Lateinamerika**

Band 4: **Deutschland, Österreich, Schweiz, Nord- und Osteuropa**

Pressestimmen

Ein vergleichbares Kompendium gab und gibt es nach Umfang und Dokumentationsleistung nicht. Es dürfte niemanden geben, der nicht schon nach kurzer Arbeit in dieser Grube erfreut und belehrt seine Funde gemacht hätte.
Frankfurter Allgemeine Zeitung

Aufgrund seiner ausführlichen Darstellungen philosophischer Systeme, Strömungen und Kontroversen wurde der «Ueberweg» zum Standard-Nachschlagewerk der Philosophiegeschichte von der Antike bis ins 20. Jahrhundert. Vielleicht kann man generell sagen, dass der «neue Ueberweg» neben dem «Historischen Wörterbuch der Philosophie» das Paradepferd der deutschsprachigen Philosophiegeschichtsschreibung ist.
www.literaturkritik.de

Philosophie bei Schwabe – Einzeltitel

Tobias Trappe

Liebe und Tod.
Brennpunkte menschlichen Daseins

Mit Beiträgen von Dirk Ansorge, Veronica Beucker, Thomas Böhm, Klaus-Günter Collatz, Thomas Fuchs, Käte Meyer-Draw, Tobias Trappe und Markus Zimmermann-Acklin

2004. 187 Seiten. Gebunden.
Fr. 42.– / € 29.50
ISBN 3-7965-2077-4

Unser Leben spielt sich ab in mannigfachen und spannungsreichen Widersprüchen. Zu ihnen gehören fraglos Liebe und Tod. Sie sind «Extreme», äusserste Enden menschlicher, vielleicht sogar welthafter Existenz überhaupt.

Studia philosophica 64/2005

Globale Gerechtigkeit und Weltordnung / Justice globale et ordre mondial

Redaktion/Rédaction:
Emil Angehrn, Bernard Baertschi.
2005. 282 Seiten. Gebunden.
Fr. 68.– / € 47.50
ISBN 3-7965-2159-2

Früher erschienen: 63/2004
Menschenwürde /
La dignité de l'être humain
Fr. 68.– / € 47.50
ISBN 3-7965-2093-6

Anton Hügli / Dominic Kaegi / Reiner Wiehl (Hrsg.)

Einsamkeit – Kommunikation – Öffentlichkeit

Internationaler Karl Jaspers-Kongress Basel, 16.–18. Oktober 2002
Mit Beiträgen von Franz Blankart, Giuseppe Cantillo, Helmut Fahrenbach, Volker Gerhardt, Antonia Grunenberg, Dieter Henrich, Anton Hügli, Dominic Kaegi, Hans-Peter Krüger, Wolfgang Röd, Kurt Salamun, Hans Saner, Albrecht Wellmer und Reiner Wiehl.
2004. 251 Seiten. Broschiert.
Fr. 69.– / € 48.50
ISBN 3-7965-2078-2

Brigitta Klaas Meilier

Hochsaison in Sils-Maria

Meta von Salis und Friedrich Nietzsche. Zur Geschichte ihrer Begegnung
2005. Ca. 440 Seiten mit 29 Abbildungen. Gebunden.
Fr. 52.– / € 36.50
ISBN 3-7965-2104-5

Weitere Neuerscheinungen finden Sie unter www.schwabe.ch

Augustinus Lexikon (AL) Gesamtwerk

ISBN 3-7965-0854-5

Vol. 1: Aaron – Conuersio
Fr. 294.– / € 206.– ISBN 3-7965-0964-9

Vol. 2: Cor – Fides
Fr. 320.– / € 224.– ISBN 3-7965-1929-6

Vol. 3 Fasc. 1/2: Figura(e) – Hieronymus
Fr. 65.– / € 45.50 ISBN 3-7965-2049-9

Vol. 3 Fasc. 3/4: Hieronymus – Johannes
Fr. 65.– / € 45.50 ISBN 3-965-2145-2
In Vorbereitung

Herausgegeben von Cornelius Mayer in Verbindung mit Robert Dodaro, Volker Henning Drecoll, Erich Feldmann†, Therese Fuhrer, Wolfgang Hübner, Martin Klöckener, Serge Lancel, Goulven Madec, Christof Müller, Gerard J. P. O'Daly, James J. O'Donnell, Alfred Schindler, Otto Wermelinger, Antonie Wlosok. Redaktion: Karl Heinz Chelius und Andreas E. J. Grote. Unter der Verantwortung der Akademie der Wissenschaften und der Literatur, Mainz. Gefördert mit Mitteln des Bundesministeriums für Bildung und Forschung, Bonn, und des Bayerischen Staatsministeriums für Wissenschaft, Forschung und Kunst, München.

Das Augustinus-Lexikon ist sowohl ein Begriffs- als auch ein Reallexikon. In alphabetischer Reihenfolge erfasst es Begriffe, Personen und Sachen, die für Leben, Werk und Lehre Augustins von Bedeutung sind. Um grössere Zusammenhänge darstellen zu können, bezieht das Lexikon auch Augustins kirchenpolitische Stellung, die Persönlichkeiten seiner Umgebung sowie den zeitgeschichtlichen Kontext mit ein.

Pressestimmen

Das Lexikon wird ein grosser Beitrag zur Kulturgeschichte, zur Spiritualität, zur Kirchengeschichte, Konzilien- und Dogmengeschichte vornehmlich des 4.–6. Jahrhunderts, aber auch zur Reformationsgeschichte und Theologie der Neuzeit leisten.
Zeitschrift für Katholische Theologie

CAG 2: Corpus Augustinianum Gissense a Cornelio Mayer editum

Zweite, überarbeitete und verbesserte Ausgabe.
2004. CD-ROM und viersprachiges gebundenes Handbuch.
Einzelplatzlizenz PC und Mac:
Fr. 1400.– / € 980.–*
ISBN 3-7965-2060-X
Mehrbenutzerlizenz PC und Mac:
Fr. 2150.– / € 1500.–**
ISBN 3-7965-2174-6
Alle Preise exkl. Mehrwertsteuer.

* für CAG 1-Besitzer gegen Rücksendung der Original-CD Fr. 1100.– / € 780.–
**für CAG 1-Besitzer gegen Rücksendung der Original-CD Fr. 1700.– / € 1200.–

Technische Anfragen bitte an das Zentrum für Augustinus-Forschung (ZAF), Würzburg (www.augustinus.de), richten.

Das CAG 2 umfasst das mehr als 100 Schriften und 5 Millionen Wörter zählende literarische Werk des Augustinus von Hippo (354–430). Zusätzlich in den Textbestand aufgenommen wurden die innerhalb des Augustinischen Briefcorpus edierten nichtaugustinischen Briefe. Das digitalisierte Corpus bezieht seinen Basistext aus den jeweils besten gedruckten Editionen. Der Textbestand des CAG 2 wurde vielfach linguistisch aufbereitet. Alle Zitate aus Bibel, griechisch-römischer Antike oder eigenen Schriften, die Augustin in sein Werk eingefügt hat, sind Kategorien zugeordnet und in ihren Quellen nachgewiesen. Darüber hinaus sind zu den Briefen und den Auslegungen der Psalmen Hintergrundinformationen abrufbar.

Zum CAG 2 gehört eine Datenbank von mehr als 27 500 Titeln der auf Augustins Person und Werk bezogenen Forschungsliteratur.

Angesichts der umfassenden Erschliessung der Augustinischen Primär- und Sekundärliteratur darf das CAG 2 als gegenwärtig unübertroffenes Arbeitsinstrument der Augustinus-Forschung gelten. Voraussetzungen: PC Pentium III; WIN 95/98/2000/NT/XP; 32 MB RAM; Bildschirmauflösung 1024 x 768 Pixel.

Pressestimmen

Historisches Wörterbuch der Philosophie

Was ist Wahrheit, was Erkenntnis? Ist Freiheit wichtiger als Glück? Seit wann werden solche Fragen – und von wem – gestellt? 35 Jahre dauerte die Inventur der wichtigsten Begriffe philosophischen Denkens. So gründlich wie kein anderes Werk gibt darüber das «Historische Wörterbuch der Philosophie» vom Schwabe Verlag Basel Auskunft. Ein weltweit einzigartiges Standardwerk der Begriffsarchäologen.
Der Spiegel

Ein monumentales Gemeinschaftswerk, mit dem in den deutschsprachigen Geisteswissenschaften der Gegenwart nur sehr wenige andere Grossprojekte mithalten können.
Neue Zürcher Zeitung

Das philosophische Wörterbuch des Jahrhunderts im deutschen Sprachraum, dessen Bedeutung als unermesslich für die Zukunft des Geistes betrachtet werden muss.
Philosophischer Literaturanzeiger

Der Verlag, die Deutsche Forschungsgemeinschaft, die anderen Finanzierungsinstitutionen deutscher Wissenschaft und der Mitarbeiterstab, sie alle sind inständig gebeten, die Ermöglichung interdisziplinärer Orientierung, die dieses Wörterbuch bietet, nicht enden zu lassen.
Der Staat, Berlin

Un ouvrage qui constitue un événement considérable en philosophie.
Archives de Philosophie, Paris

Grundriss der Geschichte der Philosophie

Vor dem staunenden Leser breitet sich ein ungeheuer reiches geistiges Panorama aus, das in keiner anderen Geschichte dieser Epoche auch nur annähernd erreicht wird. Wer immer sich künftig ein Bild von den intellektuellen Entwicklungen des 17. Jahrhunderts machen will, wird den «neuen Ueberweg» nicht entbehren können.
Theologische Zeitschrift, München

The new Ueberweg is an epoch-making enterprise.
British Journal for the History of Philosophy

Aufgrund seiner ausführlichen Darstellungen philosophischer Systeme, Strömungen und Kontroversen wurde der «Ueberweg» zum Standard-Nachschlagewerk der Philosophiegeschichte von der Antike bis ins 20. Jahrhundert. Eine auch nur annähernd vergleichbare Arbeit existiert nicht. Vielleicht kann man generell sagen, dass der «neue Ueberweg» neben dem «Historischen Wörterbuch der Philosophie» das Paradepferd der deutschsprachigen Philosophiegeschichtsschreibung ist.
www.literaturkritik.de

Der ... neue Ueberweg ist zweifellos ein Meilenstein in der Forschung zur Philosophie.
Theologische Literaturzeitung, Leipzig

Verlag
Schwabe AG
CH-4010 Basel
www.schwabe.ch

Auslieferung CH
Tel. +41 +61 467 85 75
Fax +41 +61 467 85 76
auslieferung@schwabe.ch

Auslieferung ausserhalb CH
Stuttgarter Verlagskontor SVK
svk@svk.de
Tel. +49 +711 6672 1216

www.schwabe.ch

Schwabe
publiziert und produziert